Mach dein Baby zum glücklichen Esser

Die Deutsche Nationalbibliothek verzeichnet diese Publikation in der Deutschen Nationalbibliografie; detaillierte bibliografische Daten sind im Internet über www.dnb.de abrufbar.

Vegetarische Beikosteinführung (breifrei): Das große Kochbuch für breifreie Beikostrezepte ohne Fleisch (vegetarisch, gesund und babyfreundlich kochen – Beikost sicher einführen)
von Franka Lederbogen

Studienscheiss GmbH
Oppenhoffallee 143, 52066 Aachen
kontakt@studienscheiss.de
Geschäftsführer: Dr. Tim Reichel, M. Sc.
Registergericht: Amtsgericht Aachen
Registernummer: HRB 19105
USt-IdNr.: DE295455486

2. Auflage, September 2023

© 2022 veggie + (ein Imprint des Studienscheiss-Verlags)

ISBN: 978-3-98597-070-4 (Softcover)
ISBN: 978-3-98597-097-1 (Hardcover)
ISBN: 978-3-98597-071-1 (PDF)
ISBN: 978-3-98597-072-8 (EPUB)

Alle Rechte vorbehalten. Die Inhalte dieses Buches sind urheberrechtlich geschützt. Kein Teil des Werkes darf in irgendeiner Form ohne Zustimmung des Verlags reproduziert oder mit elektronischen Systemen verarbeitet werden.

Haftungsausschluss: Die in diesem Buch vorgestellten Rezepte sowie die theoretischen Ausführungen zum Thema Beikosteinführung sind Ergebnis der praktischen Arbeit der Autorin. Alle beschriebenen Tipps, Erklärungen und Rezepte sind lediglich Vorschläge, wie sich mit bestimmten Mitteln gewisse Effekte erzielen lassen. Die Nutzung und Umsetzung der beschriebenen Tipps erfolgen auf eigene Gefahr. Weder die Autorin noch der Verlag übernehmen keine Verantwortung für Folgen, gleich welcher Art, die nach der Nutzung eines oder mehrerer der beschriebenen Tipps oder Rezepte eingetreten sind oder eintreten werden.

Lektorat: Diana Steinborn, Gelsenkirchen
Redaktion: Hannah Dautzenberg, Aachen
Umschlaggestaltung, Layout und Satz: Tim Reichel, Aachen
Umschlagmotiv: Ri6ka / shutterstock.com
Foto: Franka Lederbogen
Herstellung: BoD, Norderstedt
Printed in Germany

Franka Lederbogen

Vegetarische Beikosteinführung (breifrei)

Das große Kochbuch für breifreie Beikostrezepte ohne Fleisch

veggie +

Inhalt

Vorwort ... 9

Grundlagen der vegetarischen Beikosteinführung ... 15

Müsli und Cerealien ... 35

Reiscerealien mit Apfel und Zimt ... 36
Haferflockenmüsli mit Beeren ... 37
Schoko-Overnight-Oats ... 38
Pfirsich-Kokosjoghurt ... 39
Mango-Haferjoghurt ... 40

Brot und Brötchen ... 43

Kartoffelbrot ... 44
Kürbisbrot ... 45
Bananenbrot ... 46
Dinkel-Kürbiskern-Brötchen ... 47
Milchbrötchen ... 48

Brotaufstrich ... 51

Tomaten-Hüttenkäse ... 52
Avocado-Limetten-Aufstrich ... 53
Erdnussmus mit Erdbeerpüree ... 54
Mandelmus mit Banane ... 55
Dattel-Zimt-Aufstrich ... 56

Warme Gerichte mit Gemüse ... 59

Gnocchi mit Erbsenpesto ... 60
Ratatouille ... 61
Bunte Pommes ... 62
Spinat-Rührei mit Kartoffeln ... 63
Kürbisauflauf ... 64

Rosmarinpolenta mit Tomaten ... 65
Gemüsepuffer ... 66
Sesamtofu mit Gemüse ... 67
Zucchini-Pastinaken-Omelette ... 68
Überbackene Aubergine ... 69

Warme Gerichte mit Nudeln ... 71

Tofu-Bolognese ... 72
Spinat-Spirelli ... 73
Kürbis-Penne ... 74
Brokkoli-Orzo ... 75
Linsennudeln mit Blumenkohl ... 76
Grünes Pesto ... 77
Rotes Pesto ... 78
Kichererbsen-Pesto ... 79
Reisnudeln mit Erdnusssauce ... 80
Glasnudeln mit Paprika ... 81

Warme Gerichte mit Reis ... 83

Spargel-Risotto ... 84
Kürbis-Risotto ... 85
Paprika-Risotto ... 86
Petersilienreis mit Ei ... 87
Gebratener Gemüsereis mit Ei ... 88
Reis mit Tofu und Spinat ... 89
Süßkartoffel-Kokos-Curry ... 90
Linsenreis mit Tomaten ... 91
Rote Reisschnitten ... 92
Reisbällchen ... 93

Warme Gerichte mit Hülsenfrüchten und Getreide ... 95

Graupen-Burger ... 96
Gerstenpfanne mit Gemüse ... 97

Gelbe Hirsebällchen 98
Hirse-Paprika-Auflauf 99
Sesam-Kichererbsen-Bällchen 100
Linsen mit Ingwer und Tomaten 101
Grüne Linsenbratlinge 102
Linsen-Blumenkohl-Sticks 103
Linsen-Curry mit Brokkoli 104
Chili con Tofu 105

Gesunde Snacks **107**

Bananen-Pancakes 108
Blaubeer-Buttermilch-Pfannkuchen 109
Süßkartoffel-Waffeln 110
French Toast 111
Beeren mit Nussmus 112
Tomate-Mozzarella 113
Mandel-Kokos-Riegel 114
Käse-Omelette-Streifen 115
Haferflocken-Mango-Joghurt 116
Gekochtes Ei mit Kräutern 117
Brokkoli-Käse-Muffins 118
Möhren-Muffins 119
Bananen-Kokos-Finger 120
Kakao-Energie-Bällchen 121
Gemüse-Käse-Sticks 122

Gesunde Dips **125**

Joghurt-Koriander-Dip 126
Guacamole 127
Hummus 128
Tomatenketchup 129
Mandeljoghurt 130

Gebäck ohne Zucker 133

Joghurt-Küchlein mit Mango 134

Schokokuchen ohne Zucker 135

Möhrenkuchen 136

Himbeer-Bananen-Muffins 137

Apfel-Zimt-Muffins 138

Erbsen-Möhren-Muffins 139

Haferkekse 140

Kokoskekse 141

Kichererbsen-Apfel-Kekse 142

Mandel-Brownies 143

Nachtisch und Pudding ohne Zucker 145

Kokosmilchreis mit Mango 146

Himbeer-Grießpudding 147

Chia-Hafer-Pudding 148

Avocado-Schokopudding 149

Fruchtpudding 150

Eis ohne Zucker 153

Ananas-Kokos-Eis 154

Bananen-Joghurt-Eis 155

Beeren-Erdnuss-Eis 156

Melonen-Eis 157

Kiwi-Orangen-Eis 158

Wochenplan für die erste Beikost 161

Nachwort 167

Bonusmaterial 174

Beikost sollte ein positives Erlebnis für dich und dein Baby sein, aber vor allem: ganz viel Spaß machen!

Franka auf Instagram:

@baby_ida_isst

Vorwort

Einmal Beikost einführen, bitte!

Hi, vielleicht kennst du mich schon aus meinen anderen Büchern. Wenn nicht, möchte ich mich kurz vorstellen. Ich bin Franka, Mutter zweier "Brei-frei-Babys", Ernährungsberaterin und Fachkraft für babyfreundliche Beikosteinführung (mit und ohne Babybrei). Die ersten Versuche der Beikosteinführung mit meiner Tochter waren unerwartet kompliziert. So viele Informationen, jeder wusste es besser und Ida wollte so gar nicht nach Beikostfahrplan funktionieren. Sie wollte weder Brei essen noch auf ihre Milch verzichten. Ich war wirklich verunsichert und stellte die bisherigen Informationen zum Thema Beikost in Frage. So funktionierte es für uns einfach nicht.

Unzählige Stunden der Recherche und die Fortbildung zur Fachkraft für babyfreundliche Beikosteinführung (mit und ohne Babybrei) brachten dann Klarheit für mich. Ich musste meine Erwartungen und Vorstellungen überdenken und mich auf mein Bauchgefühl besinnen. Mein Kind ist kompetent, mein Kind weiß, was gut für es ist und ich muss dem vertrauen, was es mir zeigen möchte. Ich vertraute also Ida das Essen nach ihren Bedürfnissen an.

Essen lernen ist ein natürlicher Entwicklungsprozess, genauso wie Krabbeln, Laufen und Sprechen lernen. Diese Fähigkeit lässt sich nicht erzwingen, weil es ein Plan so vorschreibt. Jedes Kind i(s)st anders! Mein Mann und ich verzichten schon seit Jahren mehr und mehr auf Fleisch und kochen zu Hause nur noch selten nicht vegetarisch. Bei der Beikosteinführung stellte sich natürlich die Frage, wie gesund eine vegetarische Ernährung für ein Baby ist. Während meiner Beikost-Ausbildung stellte sich heraus, dass eine vegetarische Ernährung für Babys generell kein Risiko darstellt, vorausgesetzt, Eltern wissen, was sie tun.

Eine fleischlose gesunde Ernährung für Babys benötigt ein wenig mehr Aufmerksamkeit auf ausgewogene Mahlzeiten. Die im Fleisch enthaltenen Nährstoffe müssen aus alternativen Lebensmitteln kommen und diese sind weniger schwer zu finden, als die meisten denken. Trotzdem trauen sich bisher nur wenige Experten als auch Eltern an das Thema vegetarische Beikosteinführung, was mich unter anderem dazu gebracht hat, dieses Buch zu schreiben.

Bevor es jedoch zu den konkreten Rezepten geht, ist es mir wichtig, mehr zum Thema breifreie Beikosteinführung mit dir zu teilen. Es gibt ein paar Grundlagen, die jeder beachten sollte, bevor mit der Beikost begonnen wird. Ganz gleich, ob vegetarisch oder nicht.

Wenn dieses Buch dein Einstieg in das Thema Beikost ist, empfehle ich dir, auch meinen Beikostratgeber zu lesen. In diesem erfährst du wirklich alles, was du über den Beikoststart wissen musst. Das Grundlagenbuch enthält einen vierwöchigen Beikostplan, der dich Schritt für Schritt anleitet, wie du mit Beikost starten kannst. So erlernst du eine sichere Methode, um dein Baby in feste Nahrung einzuführen. Der Grundlagenteil in diesem Buch gibt einen Überblick, kann den ganzheitlichen Beikostratgeber für Anfänger aber nicht ersetzen.

In diesem Buch gibt es keine klassischen Breirezepte, sondern babyfreundliche Rezepte, die Babys selbstständig und mit Unterstützung essen können. Ich stelle zu Beginn vor, was breifreie und babygerechte Beikost eigentlich bedeutet. Anschließend gehe ich darauf ein, wie das ganz konkret aussehen kann. Dafür erkläre ich, wann man mit der Beikost beginnen sollte, welche Beikostreifezeichen es gibt, welche Lebensmittel erlaubt sind und welche nicht.

Du erfährst natürlich, wie die Nährstoffversorgung bei einer vegetarischen Beikosteinführung funktioniert und wie sich die Milchmahlzeiten und die Beikost miteinander vertragen. Abschließend zum Grundlagenkapitel gebe ich dir noch Informationen zum Thema Bio-Lebensmittel und der optimalen Aufbewahrung von Beikost. Gefolgt von einem Wochenplan für die erste Woche der Beikosteinführung, falls du noch nicht mit der Beikosteinführung begonnen hast.

Wichtige Informationen zum Buch

Ich habe dieses Kochbuch mit großer Sorgfalt mit Hilfe meines Fachwissens und meiner langjährigen Kocherfahrung geschrieben. Dennoch ist es kein wissenschaftlicher Ernährungsratgeber. Darum kann dieses Buch den Besuch bei einem Ernährungsberater für Kinder oder einem Kinderarzt nicht ersetzen. Alle Rezepte habe ich ohne Berücksichtigung von individuellen Unverträglichkeiten oder Allergien erstellt. Bitte prüfe also vorher, ob die Zutaten der Rezepte für dich und deine Familie geeignet sind.

Kein Salz

Da Babys maximal 1 Gramm Salz am Tag zu sich nehmen sollten, findest du in den Zutatenlisten der Rezepte keine Angaben für zusätzliches Salz. Einige Zutaten werden von Natur aus oder durch ihren Herstellungsprozess Salz enthalten. Diese werden auf Basis der 1-Gramm-Regel sparsam eingesetzt, um im vertretbaren Bereich zu bleiben.

Kein raffinierter Zucker

Zucker war in Zeiten von Lebensmittelknappheit ein wichtiger Energielieferant. Heute besteht jedoch ein Überangebot und Zucker ist in einem Großteil von verarbeiteten Lebensmitteln, vor allem in raffinierter Form, zu finden. Die Rezepte in diesem Kochbuch enthalten keinen raffinierten Zucker. Da für Babys weder Honig noch Ahornsirup empfehlenswerte Lebensmittel sind, wird auch auf diese Zutaten in den Rezepten verzichtet. Alternativ wird auf die natürliche Süße von Obst und Gemüse zurückgegriffen.

Portionsgrößen

Da jedes Kind anders, unterschiedlich viel und zu verschiedenen Zeitpunkten in der Entwicklung isst und bereits großer Druck in der Gesellschaft in Bezug auf Babyessen besteht, habe ich mich mit konkreten Portionsgrößen schwergetan. Die Angaben sind als ein Richtwert zu sehen. Gerade in den ersten Monaten schwankt die Menge von nahezu nichts bis sehr viel. Ein Richtwert, der dir zur besseren Einschätzung helfen kann: Dein Baby bestimmt, wie viel es essen möchte. Achte auf die Zeichen von Sättigung und richte dich danach.

Ab Beikostreife und geübte Esser

Alle aufgeführten Rezepte enthalten den Hinweis „ab Beikostreife" oder „für geübte Esser". Diese Hinweise beschreiben, ab welchem Entwicklungsstadium dein Baby die Gerichte essen kann. Ein paar Monate nach der Beikostreife beherrschen Babys den Pinzettengriff: Dinge können nun mit Daumen und Zeigefinger aufgehoben werden. Diese Entwicklung ist ein Meilenstein in der Beikosteinführung. Du wirst feststellen, dass dein Baby nach ein paar Monaten der Beikosteinführung deutlich besser mit Essen in verschiedensten Formen umgehen kann. Ab diesem Zeitpunkt kannst du dein Baby als geübten Esser einstufen.

Keine Zähne nötig

Alle hier aufgeführten Rezepte sind babyfreundlich. Weder für die Rezepte aus diesem Kochbuch noch für die Beikosteinführung allgemein muss dein Baby Zähne haben. Die Rezepte mit dem Hinweis „ab Beikostreife" sind so weich, dass Gaumen, Zunge und Kauleisten sie schluckfertig zerkleinern können. Für die Rezepte mit dem Hinweis „für geübte Esser" muss dein Baby ebenfalls keine Zähne haben. Babys wissen in diesem Entwicklungsstadium bereits, wie sie die Nahrung mit ihrem Speichel aufweichen und schluckfertig zerkleinern können. Bitte schaue dir zur Sicherheit auch die Liste der ungeeigneten Lebensmittel im Grundlagenkapitel (ab Seite 15) an.

Familienrezepte

Am besten lernen Babys das selbstständige Essen, wenn sie gemeinsam mit der Familie essen. Im Grunde sind alle Rezepte auch für die ganze Familie geeignet. Die Portionsgrößen lassen sich leicht vervielfachen. Da die Zutaten in den Rezepten kein zusätzliches Salz enthalten, können ältere Familienmitglieder nach Bedarf nachsalzen.

Ich wünsche dir und deinem Baby eine wunderbare Zeit der Beikosteinführung und viel Spaß beim Nachkochen der Rezepte.

Deine Franka

Grundlagen der vegetarischen Beikosteinführung

Theoretische Grundlagen

Bevor wir mit den Rezepten starten können, ist es wichtig, dass du die Grundlagen einer babyfreundlichen Beikosteinführung kennst, weshalb ich in diesem Kapitel darauf eingehen werde. Dadurch weißt du, wie du Beikost sicher einführen kannst. Befindet sich dein Kind nicht mehr in der Phase der Beikosteinführung, kannst du direkt zu den Rezepten springen.

Was ist breifrei und Baby-led Weaning?

Breifrei ist auch unter dem englischen Namen „Baby-led Weaning", kurz „BLW" bekannt. Das bedeutet frei übersetzt: vom Baby geleitetes Entwöhnen von der Mutter- oder Pre-Milch in Verbindung mit der babygeleiteten Beikosteinführung. Das Baby bestimmt also über den Zeitpunkt des Abstillens und den Beikoststart. Auf klassisches Füttern von Babybrei wird verzichtet. Aus diesem Umstand hat sich das Wort „breifrei" im Deutschen entwickelt. „Breifrei" schließt jedoch das Essen von breiartigen Lebensmitteln wie Kartoffelmus oder Haferbrei nicht aus.

Die Idee dahinter ist, dass dein Baby zu den üblichen Zeiten am Familientisch mitisst. Deine Aufgabe ist es, gesunde und abwechslungsreiche Beikost in babygerechter Form anzubieten. Dein Baby entscheidet, wie viel es davon isst und kann ab Beikostreife die Gerichte der Familie weitgehend mitessen. Es gibt nur wenige Ausnahmen, die nicht angeboten werden sollten. Dazu zählen zum Beispiel Salz, Honig und rohes Fleisch. Im Laufe des Kapitels erläutere ich die Hintergründe dazu noch genauer.

Ein Baby selbstständig essen zu lassen hat viele Vorteile:

- ✔ Das Baby kann spielerisch Essen lernen.
- ✔ Das Baby übt wichtige motorische Fähigkeiten.
- ✔ Es fördert die Unabhängigkeit und gibt dem Baby die Kontrolle.
- ✔ Es fördert die Selbstkontrolle, denn dein Baby kann aufhören, wenn es satt ist. Somit kommt es zu keiner Überfütterung.

- ✔ Es mindert spätere Probleme mit Übergewicht.
- ✔ Es vereinfacht die Zubereitung von Mahlzeiten, denn Babys möchten meistens das Essen, was die Großen essen.
- ✔ Es verhindert die Entwicklung eines wählerischen Essverhaltens durch die Varianz an verschiedenen Lebensmitteln und Texturen.
- ✔ Es stärkt das Familiengefühl durch gemeinsame Mahlzeiten und gleichzeitig das Lernen durch Kopieren.

Was ist Beikost?

Beginnen wir mit einer Definition aus der Fachliteratur:

- ✔ „Als Beikost wird alles bezeichnet, was Babys außer Muttermilch oder Säuglingsmilchnahrung bekommen […]" (Bundeszentrale für gesundheitliche Aufklärung, 2023)

Oder in der Kurzfassung:

- ✔ „Zusätzliche Nahrung; Beigabe zu den üblichen Mahlzeiten" (DUDEN)

Beikost ist demnach Nahrung, die zusätzlich zur gewohnten Milchmahlzeit angeboten wird. Beikost ist nicht dafür da, um abzustillen – das ist ein separates Thema. Denn es heißt „Bei-Kost" und nicht „Ersatz-Kost". Du kannst also Beikost als einen Prozess der entwicklungsgerechten Einführung von fester Nahrung verstehen. Während dieses Prozesses führst du dein Baby in kleinen Schritten in die Vielfalt von Lebensmitteln ein.

Wann mit der Beikost starten?

Heutzutage wird Beikost später eingeführt als noch vor einigen Jahren. Es wird auf die physiologische Reife des Babys, Beikost sicher essen zu können, gewartet und nicht mehr ab einem errechneten Datum begonnen. Ab der sogenannten Beikostreife ist dein Baby in der Lage, Beikost selbst zu essen und zu verdauen. Das ist der richtige Zeitpunkt zum Starten.

Beikostreifezeichen

Die Beikostreifezeichen geben den Hinweis auf die physiologische Reife für Beikost. Die folgenden drei Entwicklungsschritte deuten darauf hin, dass dein Baby reif für die Beikost ist:

Stabiles Sitzen

- ✔ Kann dein Baby seinen Kopf stabil halten und sitzt alleine im Hochstuhl oder mit leichter Unterstützung auf deinem Schoß, ohne dabei in sich zusammenzusacken? Dann ist das erste Beikostreifezeichen bereits erfüllt.

Augen-Hand-Mund-Koordination

- ✔ Funktioniert die Augen-Hand-Mund-Koordination? Fokussiert dein Baby etwas mit den Augen, greift gezielt danach und befördert es dann in den Mund? In diesem Fall ist auch das zweite Beikostreifezeichen erfüllt.

Zungenstreckreflex

- ✔ Lässt der Zungenstreckreflex bei deinem Baby nach? Du kannst dies testen, indem du einen Finger auf die Unterlippe legst und schaust, ob dein Baby versucht, ihn mit der Zunge wegzuschieben. Wenn dieser Reflex nachlässt, hat dein Baby das dritte Beikostreifezeichen erfüllt.

Sobald diese drei Reifezeichen erfüllt sind und dein Baby zudem Interesse an Essen zeigt, könnt ihr mit der Beikosteinführung beginnen.

Welche Beikost ist geeignet?

Es sind fast alle Lebensmittel in babygerechter Form erlaubt. Babys sind in der Lage, ab Beikostreife so gut wie alle Familiengerichte mitzuessen, sofern sie babyfreundlich zubereitet sind. Im Kapitel „Ungeeignete Lebensmittel" (Seite 18) findest du alle Lebensmittel, die für Babys nicht geeignet sind. Ansonsten gilt:

- ✔ Alles, was sich zwischen Zeigefinger und Daumen leicht zerdrücken lässt, wird dein Baby zwischen Gaumen, Zunge und Kauleisten problemlos zerdrücken und anschließend schlucken können.

Idealerweise werden Allergene früh unter dem Schutz der Muttermilch eingeführt. Auch Babys, die nicht gestillt werden, brauchen keine gesonderte Beikost. Die Rezepte in diesem Kochbuch wurden ohne Berücksichtigung von individuellen Unverträglichkeiten oder Allergien erstellt. Daher solltest du unbedingt vorher prüfen, ob die Zutaten für dein Baby geeignet sind.

Wie viel sollte dein Baby essen?

Ernährung ist etwas Individuelles, auch für Babys. Jeder Mensch und somit auch jedes Baby hat eigene Vorlieben und isst unterschiedlich viel. Demnach sollte dein Baby so viel oder so wenig essen, wie es mag:

- ✔ Dein Baby entscheidet selbst, wie viel es essen möchte.

Die Größe der Portionen ist tagesabhängig und kein Grund zur Sorge, denn in den ersten Monaten der Beikosteinführung liefert die Mutter- oder Pre-Milch alle nötigen Nährstoffe. Das bedeutet, dass du nach jeder Beikostmahlzeit die gewohnte Milchmahlzeit anbieten solltest, bis dein Baby diese eigenständig ablehnt. Beikost ist bis dahin keine Ersatzkost.

Ungeeignete Lebensmittel

Im Breifreikontext wird häufig gesagt, dass dein Baby essen kann, was du isst. Das ist nicht falsch, aber sehr vereinfacht dargestellt. Ein paar wenige Lebensmittel sollte dein Baby lieber noch nicht essen. Andere wiederum benötigen eine Vorbereitung, um sie babygerecht und sicher anzubieten. Ich habe dir dazu eine Übersicht erstellt:

Was dein Baby gar nicht essen sollte:

- Honig und Ahornsirup (Gefahr von Bakterien, die das Gift Botulinumtoxin im Darm ausstoßen)
- rohe Eier (wie etwa in Mayonnaise)
- rohes Fleisch und roher Fisch (Gefahr von Salmonellen oder Bakterien)
- Rohmilchprodukte (Gefahr von Bakterien)
- Kaffee, grüner und schwarzer Tee und andere koffein-/teeinhaltige Getränke
- ganze Nüsse und Kerne
- Salz (bei der Zubereitung von Gerichten auf zusätzliches Salzen verzichten und bei gekauften Lebensmitteln auf einen geringen Salzgehalt achten, maximal 1 g Salz am Tag)
- industrieller Zucker, künstlicher Süßstoff und Aromen
- Fast Food und Convenience-Produkte
- Alkohol

Was dein Baby essen kann:

- ✔ prall elastische Lebensmittel wie Beeren, Weintrauben, Bohnen und Erbsen zerdrückt, klein geschnitten oder püriert
- ✔ Nüsse als Mus oder Nussmehl
- ✔ Blattsalat, Blattkräuter und Spinat fein gehackt oder püriert (könnte sonst am Gaumen kleben bleiben)
- ✔ Blattkohl gekocht und gehackt oder püriert
- ✔ hartes Gemüse und Obst (wie Apfel, Birne, Gurke oder Möhre) gegart (andernfalls besteht Erstickungsgefahr)
- ✔ Lebensmittel mit grober Zellstruktur (wie Salat und Weißkohl) erst bei vorhandenen Backenzähnen

Mit wenigen Ausnahmen kann dein Baby ab Beikostreife auch alle Gewürze essen. Es bringt sogar Vorteile für das spätere Essverhalten, wenn sich dein Baby früh an Gewürze gewöhnen kann. Sowohl getrocknete als auch frische Kräuter eignen sich hervorragend, um dein Baby früh an gewürztes Essen zu gewöhnen. Probiere einfach aus, was deinem Baby schmeckt.

In Maßen geeignete Gewürze für Babys:

- frische und getrocknete grüne Kräuter
- milder Pfeffer
- Kurkuma
- Ingwer
- Kreuzkümmel
- Koriander
- Paprika edelsüß
- Ceylon-Zimt
- Vanille
- Kardamom
- mildes Currypulver
- Anis
- Piment
- Nelken

Muskatnuss, Safran und Cassia-Zimt können in großen Mengen für Babys, Kinder und auch Erwachsene gefährlich sein.

Nicht empfehlenswerte Gewürze für Babys:

- Salz
- Zuckerersatzstoffe
- Aromen
- Chili
- andere scharfe Gewürze

Beikost sicher einführen

Damit du dich noch sicherer fühlst, gibt es ein paar einfache Regeln für die sichere Beikosteinführung, die dazu beitragen, das Risiko für ernsthaftes Verschlucken zu minimieren. Mit dieser Checkliste sorgst du für eine sichere Beikosteinführung:

- ✔ Warte mit der Beikosteinführung, bis alle drei Beikostreifezeichen erfüllt sind (Seite 18).
- ✔ Lass dein Baby nur aufrecht sitzend essen, niemals im Liegen oder im Halbliegen.
- ✔ Nutze einen Hochstuhl mit Fußstütze, denn ein fester Halt für die Füße erleichtert das Abhusten.
- ✔ Bereite die Lebensmittel so zu, dass sie sich zwischen Daumen und Zeigefinger leicht zerdrücken lassen (das ist die sogenannte „Zwei-Finger-Drück-Regel"). So stellst du sicher, dass die Konsistenz so weich ist, dass der Gaumen, die Zunge und die Kauleisten deines Babys die Nahrung auch ohne Zähne leicht zerdrücken können.
- ✔ Biete keine Lebensmittel an, die für Babys ungeeignet sind (ab Seite 20).
- ✔ Lass dein Baby beim Essen niemals unbeaufsichtigt.
- ✔ Für ein besseres Gefühl kannst du einen Kinder-Erste-Hilfe-Kurs machen.
- ✔ Deinem Baby hilft es beim Essen lernen, wenn du ihm Abbeißen, Kauen und Schlucken vormachst.

Bleibe ruhig! Es kann beängstigend sein, wenn dein Baby zu würgen beginnt. Das ist beim Essen lernen normal und du solltest nicht schreckhaft darauf reagieren, denn dies könnte dein Baby ebenfalls erschrecken.

Milch und Beikost

Mutter-/Pre-Milch sollte bis zur Beikostreife die ausschließliche Nahrungsquelle sein. Mit dem Erreichen der Beikostreife kann zusätzlich zu den Milchmahlzeiten langsam mit Beikost begonnen werden. Stillen und Fläschchen nach Bedarf sorgen für eine optimale Versorgung und können auch über das erste Lebensjahr hinaus weiter angeboten werden.

In den ersten Monaten der babyfreundlichen Beikosteinführung wird sich der Milchbedarf nicht merklich verändern. Wenn dein Baby anfängt zu krabbeln und mobiler wird, kann es gut sein, dass der Milchbedarf trotz zwei bis drei angebotenen Mahlzeiten am Tag gleichbleibt. Die erhöhte Bewegung führt zu einem erhöhten Energiebedarf. Sobald sich dies eingespielt hat, wirst du feststellen, dass sich die von deinem Baby geforderte Milchmenge langsam verringert. Das kann mit zehn Monaten, aber auch erst um den ersten Geburtstag herum sein. Viele Kinder mögen ihre Milch auch über das erste Lebensjahr hinaus und das ist in Ordnung.

Um die Nährstoffversorgung während der Beikosteinführung zu sichern, kann es sinnvoll sein, deinem Baby 30 bis 60 Minuten vor und 30 bis 60 Minuten nach der Beikostmahlzeit Mutter-/Pre-Milch anzubieten. So sorgst du dafür, dass dein Baby nicht zu hungrig ist, um sich auf die Beikost zu konzentrieren und dass es sich nach der Beikost an der Mutter-/Pre-Milch satt trinken kann.

Es kann während der Beikosteinführung immer wieder Phasen geben, in denen mehr Milch getrunken und weniger Beikost gegessen wird. Die Ursachen sind für gewöhnlich durchbrechende Zähne, Wachstumsschübe, Infekte oder Ähnliches. Mir berichten viele Eltern, dass besonders im achten und neunten Monat die gegessene Beikostmenge stagniert oder sogar zurückgeht. Lass dich davon nicht verunsichern und bleibt in eurer Routine.

Nährstoffversorgung bei vegetarischer Ernährung

Eine vegetarische Beikosteinführung ist problemlos möglich. Die Nährstoffversorgung aus Fisch und Fleisch entfallen zwar bei einer vegetarischen Ernährung, die enthaltenen Nährstoffe lassen sich jedoch durch vegetarische Alternativen ersetzen.

Eisen

Eisen ist wichtig für die Entwicklung des Gehirns deines Babys. Besonders rotes Fleisch ist ein guter Eisenlieferant. Pflanzliche Alternativen liefern jedoch ebenfalls ausreichend Eisen für eine optimale Entwicklung deines Babys. Hülsenfrüchte wie

- Linsen und Kichererbsen,
- Hafer und Haferflocken,
- Kürbiskerne, Sesam, Hanfsamen und Leinsamen,
- Hirse,
- Mandelmus,
- Haselnussmus,
- sowie Pistazienmus

sind gute Eisenlieferanten. In Kombination mit Vitamin C, beispielsweise aus Obst oder Früchten, kann das enthaltene Eisen besonders gut verwertet werden. Aber auch in der Muttermilch und Pre-Milch ist bereits Vitamin C enthalten. Solltest du einen Eisenmangel bei deinem Baby befürchten, sprich mit einem Kinderarzt.

Proteine

Tierisches Eiweiß aus Fleisch lässt sich leicht ersetzen durch:

- Milch
- Milchprodukte
- Eier

Da die Nieren der Babys Eiweiß im ersten Lebensjahr noch nicht gut verarbeiten können, ist der Nährstoffbedarf von tierischem Eiweiß gering. Milchprodukte und Eier sind demnach ohnehin nur in Maßen anzubieten. Beispielsweise sind bis zum ersten Geburtstag maximal 200 ml verarbeitete Kuhmilch oder 100 g Joghurt am Tag möglich. Für Eier gilt: Nicht mehr als ein bis zwei gekochte oder verarbeitete Eier pro Woche anbieten. Auch die unter dem Punkt Eisen genannten Hülsenfrüchte sowie Sojaprodukte enthalten alternatives Protein.

Vitamin B12

Für Nervenzellen und die Blutbildung ist Vitamin B12 wichtig. Es kommt vor allem in tierischen Produkten in nennenswerten Mengen vor. Auch hier sind Milchprodukte und Eier die Alternative zu Fleisch. Solltest du Sorge vor einem Vitamin B12 Mangel haben, ist eine Supplementierung möglich. Dies solltest du jedoch in jedem Fall nur in Absprache mit einem Kinderarzt vornehmen.

Omega-3-Fettsäuren

Vor allem in Fisch sind mehrfach gesättigte Omega-3-Fettsäuren zu finden. Als vegetarische Alternative eignen sich besonders hochwertige Öle. Um eine gute Omega-3-Fettsäuren-Versorgung zu gewährleisten, sollten auf dem täglichen Speiseplan demnach stehen:

- Rapsöl
- Leinöl
- Walnussöl
- geschrotete Lein- und Hanfsamen

Weitere Nährstoffe

In Fleisch sind weitere Nährstoffe enthalten, die bei einer vegetarischen Ernährung durch pflanzliche Alternativen aufgenommen werden sollten. Diese Nährstoffe sind auch in den oben genannten vegetarischen Lebensmitteln enthalten. Solange diese regelmäßig als Beikost in Verbindung mit der Mutter- oder Pre-Milch angeboten werden, besteht eine gute Nährstoffversorgung.

Das gehört auf den vegetarischen Babyteller

Ein ausgewogener Babyteller besteht im Idealfall aus drei Lebensmittelkategorien:

- ✓ kalorienreich
- ✓ vitaminreich
- ✓ eisenreich

Bei einer vegetarischen Ernährung gilt es vor allem, das fehlende Eisen aus Fleisch und Fisch zu ersetzen. Mit den zuvor genannten Lebensmitteln ist dies möglich. Alle Rezepte im Buch basieren auf diesen drei Kategorien. Somit ist sichergestellt, dass die Nährstoffzusammensetzung optimal ist.

Bonusmaterial

Als Bonus zum Buch habe ich dir eine vegetarische Lebensmittelliste zusammengestellt, sortiert nach diesen drei Kategorien und zusätzlich eine Liste von Kräutern und Gewürzen, die dein Baby essen kann. Mit dieser Liste lassen sich ganz einfach ausgewogene Mahlzeiten zusammenstellen, indem du je ein Lebensmittel aus einer Kategorie auswählst. Rufe dazu einfach den Link oder den QR-Code am Ende des Buches auf und lade dir das Bonusmaterial herunter. Du gelangst darüber auf die Website meines Verlags und kannst dich für den Rezepte-Verteiler anmelden – kostenlos natürlich.

Muss es immer Bio sein?

Nein, es muss nicht immer alles Bio sein. Du kannst Bio-Produkte kaufen, es ist aber kein Muss. Wasche das Gemüse immer gründlich vor der Zubereitung, um schädliche Stoffe auf der Schale zu entfernen. Allerdings gibt es einige sensible Lebensmittel, die in konventioneller Herstellung stärker mit Pestiziden belastet sind als andere. Das betrifft vor allem Gemüse, Obst und Früchte.

Ich empfehle dir daher, die folgenden Lebensmittel in Bio-Qualität zu kaufen:

- Aprikosen
- Bohnen
- Erdbeeren
- Johannisbeeren
- Kirschen
- Linsen
- Mandarinen
- Mangos
- Paprikas
- Pfirsiche
- Spinat
- Trauben

Aufbewahrung von Lebensmitteln

Gerade zu Beginn der Beikosteinführung essen Babys wirklich nur kleine Mengen und es lohnt es sich selten, nur ein bis zwei Babyportionen zuzubereiten. Darum empfiehlt es sich, größere Mengen vorzukochen und diese im Kühlschrank oder im Tiefkühler aufzubewahren.

Die vorgekochten Gerichte lassen sich in einem verschlossenen Behälter und im Kühlschrank gelagert für ungefähr drei Tage frisch halten. Die Haltbarkeit ist immer abhängig von den Zutaten. Folgendes kannst du dabei beachten:

- Geschnittenes Obst lässt sich ungefähr zwei Tage im Kühlschrank aufbewahren, es kommt jedoch auf die Sorte an. Für den besten Geschmack empfehle ich jedoch, diese immer frisch aufzuschneiden.

- Püriertes lässt sich im geschlossenen Behälter für mindestens drei Tage im Kühlschrank frisch halten oder bis zu sechs Monate einfrieren.

- Gegarte Gerichte halten sich ungefähr drei Tage im Kühlschrank und für etwa sechs Monate im Tiefkühler. Ich empfehle dir idealerweise, die Gerichte direkt portionsweise einzufrieren, um das Auftauen zu erleichtern. Für eine bessere Übersicht beschrifte ich die Behälter.

Spaß in der Beikostzeit

Die Dynamik und Stimmung am Tisch und dessen Umgebung haben einen Einfluss auf die Mahlzeiten. Für Mahlzeiten in entspannter Atmosphäre habe ich dir ein paar Dinge zusammengestellt, auf die du achten kannst, damit es am Familientisch stressfrei zugeht.

Gemeinsame Mahlzeiten

Einer der wichtigsten Aspekte rund um das Thema Essen und Babys sind gemeinsame Mahlzeiten. Wer isst schon gerne allein? Niemand – und erst recht nicht dein Baby. Gemeinsame Mahlzeiten haben viele Vorteile. Dein Baby lernt von der Familie, was und wie gegessen wird. Denn Babys kopieren gerne das Verhalten der Großen, so auch beim Essen. Es lernt, welche Menge pro Happen zu nehmen und wie aus einem Becher zu trinken ist - durch Beobachten, Nachahmen und Üben.

Entspannt bleiben

Je unruhiger und gestresster du bist, desto angespannter wird die Situation am Esstisch für dein Baby. Selbst wenn du es nicht bewusst äußerst, merkt dein Baby aufgrund seiner Sensibilität, wie die Stimmungslage ist. Was dabei helfen kann, ist jegliche Erwartung beiseitezulegen. Gerade im ersten Lebensjahr sind das „Wie" und „Wie viel" erstmal zweitrangig.

Bedenke auch, wie du dich fühlen würdest, wenn jemand neben dir sitzt und genau beobachtet, wie viel du isst. Oder versucht, dir mehr mit der Gabel hinterherzuschieben, ohne dass du der Situation entfliehen kannst. Niemand kann unter Druck eine gesunde Beziehung zu Essen aufbauen und die Mahlzeiten genießen. Sorge dich nicht so sehr, wie du dein Kind zum Essen bekommst. Sorge lieber dafür, dass es glücklich ist, während es am Tisch sitzt, auch wenn es nur mit dem Essen spielt. Eine ruhige Umgebung, ohne Ablenkung und ein freundliches Gesicht machen einen großen Unterschied.

Sei dir bewusst, dass in den nächsten Monaten die Mahlzeiten mal gut und mal nicht gut verlaufen werden. Wählerisches Essen sowie komplette Verweigerung gehören zum Entwicklungsprozess dazu. An diesen Tagen ist es umso wichtiger, keinen Druck auszuüben, weder auf dich noch auf dein Baby. Gönnt euch beiden eine Pause. Überprüfe, ob die Umgebung gut ist und sage zu dir selbst: Vielleicht wird es morgen wieder besser. Dein Baby wird mal mehr, mal weniger und auch mal gar nicht essen. Aber: Kein Kind lässt sich verhungern.

Vielfalt

Wer mir auf Instagram folgt, weiß, dass ich dazu anrege, 100 Lebensmittel im ersten Lebensjahr anzubieten. Denn die Forschung zeigt: Je vielfältiger Lebensmittel in den ersten Monaten der Beikostzeit sind, desto weniger wählerisch sind Kinder, wenn sie älter werden.

Routine

Ähnlich wie beim abendlichen Ins-Bett-Bringen, kann auch eine Essroutine sinnvoll sein, um dein Baby darauf vorzubereiten, was als Nächstes kommt. Babys mögen Routine. Sie gibt Sicherheit und unterstützt die Akzeptanz für Essen. Das gilt für Babys und Kleinkinder gleichermaßen. Eine Routine kann beispielsweise daraus bestehen, täglich zur selben Zeit in den Hochstuhl gesetzt zu werden und ein Lätzchen angezogen zu bekommen. Dein Baby kann sich dann darauf vorbereiten, dass es gleich etwas zu essen gibt. Für dich haben solche Routinen auch Vorteile, denn so ist es einfacher zu überblicken, wie viel und was dein Kind gegessen hat. Wenn es hier und da Snacks gibt und keine regelmäßigen Essenszeiten festgelegt sind, fällt der Überblick deutlich schwerer.

Rezepte

Müsli und Cerealien

Reiscerealien mit Apfel und Zimt

🕐 **Minuten:** 15   👤 **ab Beikostreife**   🍴 **Portionen:** 3-4

🛒 **Zutaten:**
- 50 g brauner Reis
- 230 ml Wasser
- 1 TL Hirseflocken
- ¼ Apfel
- 1 Prise Ceylon-Zimt

♥ **Zubereitung:**
1. Reis in einer Küchenmaschine zu grobem Mehl mahlen.
2. Wasser in einem Topf zum Kochen bringen. Reis hinzugeben und für 1 Minute rühren.
3. Reisbrei für 8 Minuten bei niedriger Hitze köcheln lassen. Gelegentlich umrühren, um das Anbrennen zu vermeiden.
4. Inzwischen Apfel waschen und mit einer Reibe fein reiben.
5. Hirseflocken, geriebenen Apfel und Zimt zum Reis hinzugeben und gründlich verrühren.
6. Für 2 Minuten ziehen lassen und servieren.

💡 **Tipp:** Dieses Rezept ist ideal zum Vorbereiten. Für etwas Abwechslung geschnittene Früchte, Obst oder Beeren hinzugeben.

Haferflockenmüsli mit Beeren

🕐 Minuten: 10   👤 ab Beikostreife   🍴 Portionen: 1

🛒 **Zutaten:**

- 2 EL feine Haferflocken
- 2 EL heißes Wasser
- ½ TL Mandelmus (100 % Mandeln)
- 5-8 Blaubeeren

❤ **Zubereitung:**

1. Mandelmus, Haferflocken und heißes Wasser in einer Schüssel gründlich verrühren und abkühlen lassen.
2. Blaubeeren waschen und in Viertel schneiden. (Hinweis: Blaubeeren haben eine härtere Schale als Himbeeren oder Erdbeeren und müssen daher kleiner geschnitten werden! Je nach Entwicklung und Alter deines Babys kannst du die Blaubeeren auch pürieren.)
3. Blaubeeren über das Müsli geben und servieren.

💡 **Tipp:** Tausche für etwas Abwechslung die Blaubeeren durch Himbeeren oder Erdbeeren aus. Mische alternativ 1 Msp. Backkakao unter.

Schoko-Overnight-Oats

🕐 **Minuten: 10**   👤 **ab Beikostreife**   🍴 **Portionen: 3-4**
(+ 5 Std. Wartezeit)

🛒 **Zutaten:**

- ✓ 1 TL Backkakao
- ✓ 50 g feine Haferflocken
- ✓ 1 reife Banane
- ✓ 1 TL Erdnussmus (100 % Erdnüsse)
- ✓ 4 EL griechischer Joghurt

❤ **Zubereitung:**

1. Banane mit einer Gabel zerdrücken und mit restlichen Zutaten in einer Schüssel gründlich verrühren.
2. 3 bis 4 Portionen in kleine Schälchen füllen und über Nacht im Kühlschrank ziehen lassen.
3. Morgens direkt aus dem Kühlschrank nehmen und servieren.

💡 **Tipp:** Als vegane Option kannst du den griechischen Joghurt durch pflanzlichen ersetzen.

Pfirsich-Kokosjoghurt

🕐 **Minuten:** 15   👤 **ab Beikostreife**   🍴 **Portionen:** 1

🛒 **Zutaten:**

- 2 EL Kokosjoghurt (ungesüßt)
- ½ reifer Pfirsich
- ½ TL Chiasamen
- 1 TL Kokosraspeln

♥ **Zubereitung:**

1. Pfirsich schälen und mit einer Gabel in einer Schale zerdrücken. Sollte der Pfirsich noch sehr hart sein, mit einer Reibe fein reiben.
2. Restlichen Zutaten mit Pfirsichbrei gründlich verrühren und anschließend servieren.

💡 **Tipp:** Alternativ zum Pfirsich kannst du fein gehackte Ananas oder Mango verwenden.

Mango-Haferjoghurt

🕐 Minuten: 5   👤 ab Beikostreife   🍴 Portionen: 1

🛒 Zutaten:

- 2-3 EL Haferjoghurt
- 50 g Mango
- 1 TL Hanfsamen (geschrotet)

❤ Zubereitung:

1. Mango schälen und in kleine Stückchen schneiden.
2. Alle Zutaten in einer Schale verrühren und servieren.

💡 **Tipp:** Hanfsamen sind vielseitig verwendbar und ideale Nährstofflieferanten für Vegetarier. Sie eignen sich darum besonders gut in der vegetarischen Beikosteinführung. Alternativ zur Mango kannst du außerdem frische Erdbeeren oder Kiwi verwenden.

Brot und Brötchen

Kartoffelbrot

⏲ Minuten: 15   👤 ab Beikostreife   🍴 Portionen: 1
(+ 1,5 Std. Wartezeit)   (Brot)

🛒 **Zutaten:**

- 200 g Kartoffeln (mehlig kochend)
- 300 g Dinkelmehl
- 2 EL Olivenöl
- 1 Ei
- 20 ml warmes Wasser
- 20 g frische Hefe

♥ **Zubereitung:**

1. Kartoffeln schälen, in einem Topf mit Wasser gar kochen, fein reiben und abkühlen lassen.
2. Hefe in 20 ml warmem Wasser auflösen und mit Kartoffeln, Mehl, Ei und Olivenöl in einer Schüssel zu Teig kneten. (Mehl bei zu feuchtem Teig oder warmes Wasser bei zu festem Teig hinzufügen.) Teig zugedeckt an einem warmen Ort für 30 Minuten ruhen lassen.
3. Teig erneut kneten und in eine kleine, gefettete Kastenform geben. Weitere 30 Minuten abgedeckt gehen lassen.
4. Backofen auf 200 °C Umluft (220 °C Ober-/Unterhitze) vorheizen. Teigoberfläche einschneiden, leicht mit Wasser bestreichen und für 50 Minuten backen.
5. Brot aus dem Backofen nehmen, auf Esstemperatur abkühlen lassen und servieren.

Kürbisbrot

⏱ **Minuten: 20** 👤 **ab Beikostreife** 🍴 **Portionen: 1**
(+ 2,5 Std. Wartezeit)   (Brot)

🛒 **Zutaten:**

- 50 g Kürbiskernmehl
- 250 g Dinkelmehl
- 40 ml warmes Wasser
- 500 g Hokkaido-Kürbis
- 42 g frische Hefe

❤ **Zubereitung:**

1. Kürbis schälen, klein schneiden und in einem Topf mit kochendem Wasser 10 Minuten garen. Gegarten Kürbis mit einem Pürierstab pürieren.
2. Hefe in 40 ml warmem Wasser auflösen und anschließend mit Mehl in einer Schüssel vermengen. Kürbispüree dazugeben und mit einem Handrührgerät mit Knetaufsatz zu einem Teig kneten. Teig zugedeckt an einem warmen Ort für 1 Stunde ruhen lassen.
3. Teig erneut verkneten und in eine kleine, gefettete Kastenform geben. 1 weitere Stunde abgedeckt ruhen lassen.
4. Backofen auf 180 °C Umluft (200 °C Ober-/Unterhitze) vorheizen. Brot mit Wasser bestreichen und für 40 Minuten backen.
5. Brot aus dem Backofen nehmen, auf Esstemperatur abkühlen lassen und servieren.

Bananenbrot

🕐 **Minuten: 10**
(+ 50 Min. Backzeit)

👤 **ab Beikostreife**

🍴 **Portionen: 1**
(Brot)

🛒 **Zutaten:**

- 4 reife Bananen
- 200 g Dinkelmehl
- 100 g Mandelmehl
- 100 g Apfelmark (100 % Fruchtanteil)
- 2 Eier
- 2 EL Rapsöl
- 1 TL Ceylon-Zimt
- 1 Pkt. Weinsteinbackpulver

♥ **Zubereitung:**

1. Backofen auf 180 °C Umluft (200 °C Ober-/Unterhitze) vorheizen.
2. 3 geschälte Bananen mit einer Gabel zu Mus zerdrücken. Bananenmus und Eier in einer Schüssel mit einem Mixer schaumig schlagen. Öl und Apfelmark unter die Bananen-Ei-Masse rühren.
3. Mehl mit Zimt und Backpulver in einer Schale vermengen. Mehlmischung nach und nach, unter ständigem Rühren, zur Bananenmischung hinzugeben, bis ein Teig entsteht.
4. Teig in eine gefettete mittelgroße Kastenform geben. Vierte Banane in Scheiben schneiden und auf dem Teig verteilen.
5. Teig für 50 Minuten backen. Brot aus dem Backofen nehmen, auf Esstemperatur abkühlen lassen und servieren.

Dinkel-Kürbiskern-Brötchen

Minuten: 10
(+ 35 Min. Back- und Wartezeit)

ab Beikostreife

Portionen: 6 (Brötchen)

Zutaten:

- 200 g Dinkelmehl
- 50 g Kürbiskernmehl
- 120 ml Wasser
- 20 ml warmes Wasser
- 1 EL Olivenöl
- 6 g frische Hefe

Zubereitung:

1. Hefe in 10 ml warmem Wasser auflösen. Mehl, Öl, Wasser und Hefe in eine Schüssel geben und zu einem Teig kneten. Teig zugedeckt an einem warmen Ort für 20 Minuten ruhen lassen.
2. Backofen auf 180 °C Umluft (200 °C Ober-/Unterhitze) vorheizen.
3. Teig durchkneten. Eine 5 cm dicke Rolle formen, in 6 gleichgroße Stücke teilen, zu Brötchen formen und auf ein mit Backpapier ausgelegtes Backblech legen. Abdecken und 30 Minuten gehen lassen.
4. Anschließend für 15 Minuten backen. Die Brötchen aus dem Backofen nehmen, abkühlen lassen und servieren.

Tipp: Du kannst Kürbiskerne in einer Küchenmaschine zu Kürbismehl mahlen.

Milchbrötchen

○ **Minuten: 10**
(+ 45 Min. Back- und Wartezeit)

♦ **ab Beikostreife**

🍴 **Portionen: 6**
(Brötchen)

🛒 **Zutaten:**

- 250 g Weizenmehl
- 125 ml Milch (oder Pflanzenmilch)
- 25 g Dattelsirup
- 20 ml warmes Wasser
- 35 ml Rapsöl
- 12 g frische Hefe

♥ **Zubereitung:**

1. Hefe in 20 ml warmem Wasser auflösen. Alle Zutaten in einer Schüssel zu einem Teig verkneten.
2. Teig in 5 cm dicke Rolle formen, in 6 gleichgroße Stücke teilen, zu Brötchen formen und auf ein mit Backpapier ausgelegtes Backblech legen. Abdecken und 30 Minuten gehen lassen.
3. Backofen auf 180 °C Umluft (200 °C Ober-/Unterhitze) vorheizen.
4. Brötchen mit etwas Wasser bestreichen und für 15 Minuten backen. Anschließend auf Esstemperatur abkühlen lassen und servieren.

💡 **Tipp:** Für Rosinenbrötchen kannst du 50 g Rosinen fein hacken und unter den Teig mischen.

Brotaufstrich

Tomaten-Hüttenkäse

Minuten: 5   **ab Beikostreife**   **Portionen:** 5

Zutaten:

- 5 EL Hüttenkäse (körniger Frischkäse)
- 5 Cherry-Tomaten
- 3 Blätter Basilikum

Zubereitung:

1. Cherry-Tomaten und Basilikumblätter waschen.
2. Tomaten fein würfeln und Basilikumblätter fein hacken.
3. Hüttenkäse, Tomaten und Basilikum in einer Schale verrühren.
4. Als Aufstrich verwenden. Reste in einen verschließbaren Behälter füllen und kaltstellen.

Tipp: Du kannst den Tomaten-Hüttenkäse im Kühlschrank in einem geschlossenen Behälter ungefähr 5 Tage aufbewahren.

Avocado-Limetten-Aufstrich

◷ **Minuten: 5**   👤 **ab Beikostreife**   🍴 **Portionen: 4**

🛒 **Zutaten:**

- ½ reife Avocado
- ¼ Limette

♥ **Zubereitung:**

1. Avocado entkernen, Fruchtfleisch von der Schale trennen und mit einer Gabel in einer Schüssel fein zerdrücken.
2. Limette halbieren, mit der Hand über der Avocado ausdrücken und alles verrühren.
3. Als Aufstrich verwenden. Reste in einen verschließbaren Behälter füllen und kaltstellen.

💡 **Tipp:** Ab Beikostreife kannst du das Brot in Fingerfood-Streifen schneiden. Wenn dein Baby den Pinzettengriff beherrscht, kannst du das Brot in Würfel geschnitten anbieten. Die Limette verhindert, dass die Avocado braun wird und liefert gleichzeitig Vitamin C.

Erdnussmus mit Erdbeerpüree

⊙ Minuten: 5   ♦ ab Beikostreife   🍴 Portionen: 1

🛒 Zutaten:

- ✓ 1 TL Erdnussmus (100 % Erdnüsse)
- ✓ 2-3 Erdbeeren
- ✓ 1 Scheibe Brot

♥ Zubereitung:

1. Erdbeeren waschen und mit einem Mixer zu Mus verarbeiten.
2. Erdnussmus auf einer Scheibe Brot gleichmäßig verstreichen. Erdbeerpüree darüber verteilen und servieren.

💡 **Tipp:** Ab Beikostreife kannst du das Brot in Fingerfood-Streifen schneiden. Wenn dein Baby den Pinzettengriff beherrscht, kannst du das Brot in Würfel geschnitten anbieten. Achte darauf, dass das Erdnussmus aus 100 % Erdnüssen besteht und kein Salz oder andere Zusatzstoffe enthält.

Mandelmus mit Banane

⏱ Minuten: 5   👶 ab Beikostreife   🍴 Portionen: 1

🛒 **Zutaten:**

- 1 TL Mandelmus (100 % Mandeln)
- ½ Banane
- 1 Scheibe Brot

❤ **Zubereitung:**

1. Mandelmus auf einer Scheibe Brot gleichmäßig verstreichen.
2. Banane schälen, in Scheiben schneiden und auf der Brotscheibe verteilen.
3. Für einen besseren Halt Banane mit einer Gabel leicht zerdrücken und servieren.

💡 **Tipp:** Ab Beikostreife kannst du das Brot in Fingerfood-Streifen schneiden. Wenn dein Baby den Pinzettengriff beherrscht, kannst du das Brot in Würfel geschnitten anbieten. Außerdem kannst du auch anderes Nussmus verwenden, dieses sollte jedoch zu 100 % aus Nüssen bestehen und kein Salz oder andere Zusatzstoffe enthalten.

Dattel-Zimt-Aufstrich

🕐 Minuten: 5   👤 geübte Esser   🍴 Portionen: 1
(+ 2 Std. Wartezeit)   (100 g Glas)

🛒 **Zutaten:**

- 50 g Cashewmus
- 2 EL Kokosöl
- 1 Prise Ceylon-Zimt
- 50 g getrocknete Datteln (entsteint)

♥ **Zubereitung:**

1. Datteln für 2 Stunden in einer Schale mit warmem Wasser bedecken und einweichen.
2. Kokosöl in einem Topf oder einer Mikrowelle erhitzen, sodass es flüssig wird.
3. Datteln mit Wasser, Cashewmus, geschmolzenem Kokosöl sowie Zimt in eine Schüssel geben und mit einem Pürierstab zu einer glatten Masse verarbeiten.
4. Als Aufstrich verwenden. Reste in einen verschließbaren Behälter füllen und kaltstellen.

💡 **Tipp:** Da der Aufstrich sehr süß ist, empfehle ich, ihn nicht in den ersten Monaten als Beikost anzubieten.

Warme Gerichte mit Gemüse

Gnocchi mit Erbsenpesto

🕐 Minuten: 30   👤 ab Beikostreife   🍴 Portionen: 4-6

🛒 **Zutaten:**

- 400 g Kartoffeln
- 100 g Dinkelmehl
- 1 Ei
- 100 g TK-Erbsen
- 2 EL Sahne
- 10 Blätter Petersilie

❤ **Zubereitung:**

1. Kartoffeln schälen und in einem Topf mit Wasser gar kochen. Für kurze Zeit abkühlen lassen und in einer Schüssel mit einer Gabel zu Brei zerdrücken. Mehl und Ei dazugeben und zu einem festen Teig verkneten. 2 cm dicke Rolle formen und jeweils 2 cm dicke Stücke abschneiden.
2. Gnocchi in einem Topf mit Wasser kochen, bis sie obenauf schwimmen. Abtropfen lassen.
3. Erbsen in einem Topf mit Wasser kochen, bis sie gar sind. Wasser abgießen. Petersilie waschen und mit Erbsen und Sahne im Mixer zu Pesto pürieren.
4. Gnocchi mit Pesto servieren. Reste in einen verschließbaren Behälter füllen, auf Esstemperatur abkühlen lassen und kaltstellen oder einfrieren.

Ratatouille

⏱ **Minuten: 30** 👤 **geübte Esser** 🍴 **Portionen: 4**

🛒 **Zutaten:**

- 12 Cherry-Tomaten
- 1 kleine Zucchini
- ½ kleine rote Zwiebel
- ½ kleine Aubergine
- 1 EL Olivenöl
- 5 Blätter Petersilie
- 5 Blätter Basilikum
- ½ TL getrockneter Oregano

♥ **Zubereitung:**

1. Zwiebel schälen und in feine Würfel schneiden. Tomaten, Zucchini und Aubergine waschen und ebenfalls in Würfel schneiden.
2. Öl in einer Pfanne erhitzen und Zwiebeln für 2 Minuten darin anschwitzen. Zucchini, Aubergine und Tomaten dazugeben und zum Kochen bringen. Oregano hinzugeben und für 20 Minuten köcheln lassen.
3. Basilikum und Petersilie waschen und fein hacken. Kräuter unter das Gemüse mischen, auf Esstemperatur abkühlen lassen und servieren.

💡 **Tipp:** Dazu kannst du Brot servieren, um das Dippen zu zeigen.

Bunte Pommes

⏲ Minuten: 10　　　👤 ab Beikostreife　　　🍽 Portionen: 4
(+ 30 Std. Backzeit)

🛒 **Zutaten:**

- 80 g Süßkartoffel
- 80 g gelbe Kartoffel
- 80 g rote Kartoffel
- 2 EL Olivenöl
- 1 TL getrockneter Thymian

♥ **Zubereitung:**

1. Backofen auf 200 °C Umluft (220 ° Ober-/Unterhitze) vorheizen.
2. Kartoffeln schälen und in ca. 7 cm lange und 1 cm dicke Pommes schneiden. Für 2 Minuten in einem Topf mit Wasser kochen.
3. Abtropfen lassen und in einer Schale mit Öl und Thymian vermengen. Kartoffelstücke auf einem mit Backpapier ausgelegten Backblech gleichmäßig verteilen.
4. Für 30 Minuten in den Backofen geben, bis die Pommes durchgebacken sind.
5. Pommes aus dem Backofen nehmen, auf Esstemperatur abkühlen lassen und servieren.

💡 **Tipp:** Zum Dippen kannst du einen Mix aus Joghurt und Petersilie anbieten.

Spinat-Rührei mit Kartoffeln

⏱ Minuten: 20 👤 ab Beikostreife 🍴 Portionen: 2

🛒 **Zutaten:**

- 80 g Kartoffeln
- 4 EL Spinat
- 1 Ei
- 1 EL Milch (oder Pflanzenmilch)
- 1 TL Rapsöl

♥ **Zubereitung:**

1. Kartoffeln schälen und in ca. 7 cm lange und 1 cm dicke Streifen schneiden und für 10 Minuten dünsten.
2. Spinat waschen und in einer Schale mit kochendem Wasser übergießen. 2 Minuten ziehen lassen. Anschließend abtropfen lassen und fein hacken.
3. Ei in einer Schüssel aufschlagen. Mit Milch und Spinat verrühren. Öl in einer Pfanne erhitzen und Ei-Mischung als Rührei darin gut durchbraten.
4. Rührei aus der Pfanne nehmen, auf Esstemperatur abkühlen lassen und mit Kartoffeln servieren.

💡 **Tipp:** Du kannst auch TK-Spinat verwenden. Diesen nach Packungsanweisung zubereiten und unter das Rührei geben oder als Dip reichen.

Kürbisauflauf

🕐 Minuten: 10   👤 ab Beikostreife   🍴 Portionen: 4
(+ 30 Min. Backzeit)

🛒 **Zutaten:**

- 150 g Hokkaidokürbis
- 50 g Cheddarkäse (gerieben)
- ½ Zwiebel
- 1 EL Rapsöl
- 50 ml Milch (oder Pflanzenmilch)
- ½ TL getrockneter Oregano

♥ **Zubereitung:**

1. Kürbis schälen, entkernen und in 1 cm dicke Scheiben schneiden. Für 2 Minuten in einem Topf mit Wasser kochen. Abtropfen lassen und in eine kleine Backform legen. Backofen auf 180 °C Umluft (200 °C Ober-/Unterhitze) vorheizen.

2. Zwiebel schälen und in feine Würfel schneiden. Rapsöl in einer Pfanne erhitzen und Zwiebeln darin anschwitzen. Milch und Oregano dazugeben und für 2 Minuten köcheln lassen.

3. Zwiebelmilch über Kürbis in die Backform geben. Käse darüber streuen und für 25 Minuten backen. Auflauf aus dem Backofen nehmen, auf Esstemperatur abkühlen lassen und servieren.

💡 **Tipp:** Alternativ zum Oregano eignet sich Petersilie oder Thymian.

Rosmarinpolenta mit Tomaten

⏲ **Minuten: 20**
(+ 15 Min. Backzeit)

👤 **ab Beikostreife**

🍴 **Portionen: 4**

🛒 **Zutaten:**

- ✓ 50 g Maisgrieß
- ✓ 200 ml Milch (oder Pflanzenmilch)
- ✓ 8 Cherry-Tomaten
- ✓ 1 TL getrockneter Rosmarin
- ✓ 10 g vegetarischer Parmesan (gerieben)

❤ **Zubereitung:**

1. Milch in einem Topf zum Köcheln bringen und unter Rühren Maisgrieß dazugeben. 10 Minuten auf mittlerer Hitze mit geschlossenem Deckel köcheln lassen.
2. Backofen auf 180 °C Umluft (200 °C bei Ober-/Unterhitze) vorheizen.
3. Parmesan und Rosmarin unterrühren und Polentateig auf einem mit Backpapier ausgelegten Backblech verstreichen, abkühlen und hart werden lassen.
4. Tomaten waschen, vierteln und mit auf das Backblech neben den Teig legen. Beides für 15 Minuten backen.
5. Polenta und Tomaten aus dem Backofen nehmen, auf Esstemperatur abkühlen lassen und servieren.

💡 **Tipp:** Nutze Keksausstecher, um die Polenta in Form zu bringen.

Gemüsepuffer

🕐 Minuten: 20   👤 ab Beikostreife   🍴 Portionen: 4

🛒 **Zutaten:**

- 50 g Kartoffeln
- 50 g Möhren
- 50 g Zucchini
- 1 Ei
- 1 TL Dinkelmehl
- ½ TL getrockneter Oregano
- 1 TL Rapsöl
- 1 EL junger Gouda

❤ **Zubereitung:**

1. Kartoffeln und Möhren schälen. Zucchini waschen und anschließend das Gemüse reiben. Geriebenes Gemüse in ein sauberes Küchentuch geben und austretende Flüssigkeit leicht auspressen.
2. Gemüse, Ei, Mehl, Gouda und Oregano in einer Schüssel zu einem Teig verrühren. Anschließend EL-große Bratlinge formen.
3. Öl in einer Pfanne erhitzen und Bratlinge darin von beiden Seiten durchbraten.
4. Bratlinge aus der Pfanne nehmen, auf Esstemperatur abkühlen lassen und servieren.

💡 **Tipp:** Zum Dippen kannst du einen Joghurt-Dip anbieten.

Sesamtofu mit Gemüse

◎ Minuten: 20   ♟ ab Beikostreife   🍴 Portionen: 2-3

🛒 **Zutaten:**

- 50 g fester Tofu
- 50 g Brokkoli
- 50 g Möhren
- 1 TL Sesamöl
- 1 TL Sesamkörner
- 10 Blätter Koriander

♥ **Zubereitung:**

1. Tofu in babyhandgerechte Stücke schneiden. Sesamöl in einer Pfanne erhitzen und Tofu darin anbraten.
2. Brokkoli waschen, Möhren schälen und in Fingerfood-Stücke schneiden. Für 10 Minuten in einem Topf dünsten, bis sie weich sind.
3. Koriander waschen und fein hacken.
4. Tofu und Gemüse mit Sesam und Koriander bestreuen. Auf Esstemperatur abkühlen lassen und anschließend servieren.

💡 **Tipp:** Für eine passende Sauce kannst du den Tofu nach dem Braten in der Pfanne mit 2 EL Kokosmilch verrühren.

Zucchini-Pastinaken-Omelette

⏱ Minuten: 20　　👤 ab Beikostreife　　🍴 Portionen: 2

🛒 **Zutaten:**

- ✓ 1 Ei
- ✓ 10 g Pastinake
- ✓ 10 g Zucchini
- ✓ 1 EL Milch (oder Pflanzenmilch)
- ✓ 1 Prise milder Pfeffer
- ✓ 1 TL Rapsöl

❤ **Zubereitung:**

1. Pastinake und Zucchini waschen und fein reiben.
2. Ei, Pastinake, Zucchini, Milch und Pfeffer in einer Schüssel verquirlen, bis alles gleichmäßig verrührt ist.
3. Öl in einer Pfanne erhitzen und Eimasse hineingeben. Beide Seiten goldbraun braten.
4. Anschließend in Fingerfood-Streifen schneiden, auf Esstemperatur abkühlen lassen und servieren.

💡 **Tipp:** Möhren und Kartoffeln eignen sich ebenfalls als Zutaten für das Omelette. Schäle und reibe das Gemüse und hebe es vor dem Braten unter die Ei-Milch-Masse.

Überbackene Aubergine

⏲ Minuten: 10　　👤 ab Beikostreife　　🍴 Portionen: 2
(+ 20 Min. Backzeit)

🛒 **Zutaten:**

- ✔ 2 Scheiben Aubergine
- ✔ 20 g Ziegenweichkäse
- ✔ 1 TL Olivenöl
- ✔ 1 Prise getrockneter Thymian

♥ **Zubereitung:**

1. Backofen auf 180 °C Umluft (200 °C bei Ober-/Unterhitze) vorheizen.
2. Aubergine waschen, 2 fingerdicke Scheiben abschneiden und mit Öl bestreichen, Käse gleichmäßig darüber verteilen und Thymian darüberstreuen.
3. Auberginen auf einem mit Backpapier ausgelegten Backblech oder in eine Auflaufform legen und für 20 Minuten backen.
4. Auflauf aus dem Backofen nehmen, auf Esstemperatur abkühlen lassen und servieren.

💡 **Tipp:** Für mehr Variation kannst du auch 2 Scheiben einer Fleischtomate überbacken.

Warme Gerichte mit Nudeln

Tofu-Bolognese

Minuten: 30   **ab Beikostreife**   **Portionen:** 3-4

🛒 Zutaten:

- 30 g Vollkornspaghetti
- 50 g gehackte Tomaten (Dose)
- 50 g fester Tofu
- ½ kleine Zwiebel
- ½ TL getrockneter Oregano
- 30 g Mozzarella (gerieben)
- 1 TL Rapsöl

♥ Zubereitung:

1. Tofu fein hacken und mit Öl in einer beschichteten Pfanne für 10 Minuten anbraten, bis eine leichte Bräune entsteht.
2. Zwiebeln schälen, fein hacken und mit Tofu anbraten. Tomaten und Oregano hinzugeben und alles für 10 Minuten köcheln lassen.
3. Spaghetti nach Packungsanweisung zubereiten.
4. Spaghetti mit Sauce vermengen, auf einen Teller geben und Mozzarella drüberstreuen. Auf Esstemperatur abkühlen lassen und servieren.

💡 **Tipp:** Du kannst die Sauce mit mehr Gemüse anreichern, indem du etwas geriebene Möhren nach dem Braten mit den Tomaten einkochst.

Spinat-Spirelli

⏱ **Minuten: 15**   👤 **ab Beikostreife**   🍴 **Portionen: 2-3**

🛒 **Zutaten:**

- 30 g Vollkornspirelli
- 50 g Spinat
- ½ kleine Zwiebel
- 1 EL Frischkäse
- 1 Prise Muskatnuss
- 30 g Mozzarella (gerieben)
- 1 TL Rapsöl

❤ **Zubereitung:**

1. Zwiebeln schälen, fein hacken und mit Öl in einer Pfanne anschwitzen. Spinat waschen und fein hacken.
2. Spirelli nach Packungsanweisung zubereiten.
3. Frischkäse und Spinat zu den Zwiebeln geben, gut verrühren und 2 Minuten erhitzen. Mit Muskat abschmecken.
4. Spirelli mit Spinatsauce auf einen Teller geben, mit Mozzarella bestreuen, auf Esstemperatur abkühlen lassen und servieren.

💡 **Tipp:** Mozzarella kannst du durch salzarmen Käse ersetzen.

Kürbis-Penne

⊙ Minuten: 20   👤 ab Beikostreife   🍴 Portionen: 3-4

🛒 **Zutaten:**

- 30 g Vollkornpenne
- 50 g gehackte Tomaten (Dose)
- 50 g Kürbis
- ½ kleine Zwiebel
- ½ TL getrockneter Rosmarin
- 30 g Mozzarella (gerieben)
- 1 TL Olivenöl

❤ **Zubereitung:**

1. Zwiebel schälen und fein hacken. Öl in einer Pfanne erhitzen und Zwiebelstücke darin anschwitzen.
2. Kürbis schälen, in kleine Würfel schneiden und mit Tomaten und Rosmarin zu den Zwiebeln geben. 8 Minuten kochen lassen.
3. Währenddessen Penne nach Packungsanweisung zubereiten.
4. Penne mit Kürbissauce auf einen Teller geben, mit Mozzarella bestreuen, auf Esstemperatur abkühlen lassen und servieren.

💡 **Tipp:** Du kannst aus diesem Rezept auch einen Auflauf machen. Dafür fertige Penne, Kürbissauce und Mozzarella in eine Auflaufform geben und im Backofen überbacken.

Brokkoli-Orzo

◷ Minuten: 20   👤 ab Beikostreife   🍴 Portionen: 3-4

🛒 **Zutaten:**

- 30 g Orzo
- 50 g Brokkoli
- ½ kleine Zwiebel
- ½ TL getrocknete Petersilie
- 1 TL Olivenöl
- 10 g vegetarischer Parmesan (gerieben)

♥ **Zubereitung:**

1. Brokkoli waschen und für 10 Minuten in einem Topf dünsten. Anschließend fein hacken. Zwiebel schälen, fein hacken und in einer Pfanne mit Öl anschwitzen.
2. Orzo nach Packungsanweisung zubereiten.
3. Fertige Nudeln und Brokkoli zu Zwiebeln in die Pfanne geben. Erst Parmesan und dann Petersilie dazugeben.
4. Alles bei geringer Hitze gut verrühren, auf Esstemperatur abkühlen lassen und dann servieren.

💡 **Tipp:** Als Alternative kannst du Blumenkohl als Gemüsebasis verwenden.

Linsennudeln mit Blumenkohl

Minuten: 20 **geübte Esser** **Portionen:** 3-4

Zutaten:

- 50 g Linsennudeln
- 50 g Blumenkohl
- ½ kleine Zwiebel
- ½ TL getrocknete Petersilie
- 2 EL Sahne
- 1 TL Olivenöl

Zubereitung:

1. Blumenkohl waschen und für 10 Minuten in einem Topf dünsten. Anschließend mit einer Gabel zerdrücken. Zwiebel schälen, fein hacken und in einer Pfanne mit Öl anschwitzen.
2. Nudeln nach Packungsanweisung zubereiten.
3. Fertige Nudeln und Blumenkohl zu den Zwiebeln in die Pfanne geben. Erst Sahne, dann Petersilie hinzugeben. Alles bei geringer Hitze gut verrühren und dann servieren.

Tipp: Verwende häufig Nudeln aus Hülsenfrüchten, da sie ideale Eisenlieferanten sind.

Grünes Pesto

○ **Minuten: 20**   ♦ **geübte Esser**   🍴 **Portionen: 4**

🛒 **Zutaten:**

- 30 g Nudeln (nach Wahl)
- 50 g TK-Erbsen
- ½ kleine Zwiebel
- 1 EL Pinienkerne
- 10 g vegetarischer Parmesan (gerieben)
- 1 TL getrocknete Petersilie
- 1 TL Olivenöl

♥ **Zubereitung:**

1. Erbsen in kochendem Wasser garen, anschließend Wasser abgießen.
2. Erst die Pinienkerne in einer Pfanne ohne Öl kurz erhitzen und beiseitestellen.
3. Zwiebel schälen, fein hacken und in einer Pfanne mit Öl anschwitzen.
4. Erbsen, Pinienkerne, Zwiebeln, Petersilie und Parmesan in einen Mixer geben und zu Pesto pürieren.
5. Nudeln nach Packungsanweisung zubereiten, auf Esstemperatur abkühlen lassen und mit grünem Pesto servieren.

💡 **Tipp:** Pesto hält sich in einem sauberen, verschlossenen Behälter für etwa 5 Tage im Kühlschrank. Du kannst es nicht nur als Nudelsauce, sondern auch als Brotaufstrich verwenden.

Rotes Pesto

⊙ **Minuten:** 20   👤 **ab Beikostreife**   🍴 **Portionen:** 4

🛒 **Zutaten:**

- 30 g Nudeln (nach Wahl)
- 50 g Kichererbsen (Dose)
- 1 TL Tomatenmark
- ½ kleine Zwiebel
- ½ TL Paprikapulver (edelsüß)
- 1 EL vegetarischer Parmesan (gerieben)
- 1 TL Olivenöl

❤ **Zubereitung:**

1. Zwiebel schälen, fein hacken und in einer Pfanne mit Öl anschwitzen.
2. Anschließend mit abgetropften Kichererbsen, Tomatenmark, Paprikapulver und Parmesan in einem Mixer geben und pürieren.
3. Nudeln nach Packungsanweisung zubereiten, auf Esstemperatur abkühlen lassen und mit rotem Pesto servieren.

💡 **Tipp:** Pesto hält sich in einem sauberen, verschlossenen Behälter für etwa 5 Tage im Kühlschrank. Du kannst es nicht nur als Nudelsauce, sondern auch als Brotaufstrich verwenden.

Kichererbsen-Pesto

○ Minuten: 20   ♟ ab Beikostreife   🍴 Portionen: 4

🛒 Zutaten:

- 30 g Nudeln (nach Wahl)
- 50 g Kichererbsen (Dose)
- ½ kleine Zwiebel
- 5 Blätter Koriander
- ¼ Zitrone
- 1 TL Olivenöl

♥ Zubereitung:

1. Zwiebel schälen, fein hacken und in einer Pfanne mit Öl anschwitzen.
2. Anschließend mit abgetropften Kichererbsen und Koriander in einen Mixer geben, Zitrone darüber auspressen und pürieren.
3. Nudeln nach Packungsanweisung zubereiten, auf Esstemperatur abkühlen lassen und mit Pesto servieren.

💡 **Tipp:** Für mehr Farbe kannst du 1 gestrichenen TL Tomatenmark vor dem Pürieren dazugeben. Pesto hält sich in einem sauberen, verschlossenen Behälter für etwa 5 Tage im Kühlschrank. Du kannst es nicht nur als Nudelsauce, sondern auch als Brotaufstrich verwenden.

Reisnudeln mit Erdnusssauce

◷ Minuten: 15   ♟ ab Pinzettengriff   🍴 Portionen: 3-4

🛒 Zutaten:

- ✓ 30 g Reisbandnudeln
- ✓ 50 g Brokkoli
- ✓ 4 EL Kokosmilch
- ✓ 1 TL Erdnussmus
- ✓ ¼ Limette

♥ Zubereitung:

1. Brokkoli waschen und in handliche Röschen schneiden. Anschließend für 8 Minuten in einem Topf dünsten.
2. Reisnudeln nach Packungsanweisung zubereiten.
3. Kokosmilch, Erdnussmus und Saft aus der Limette zu einer Sauce glattrühren.
4. Nudeln mit Erdnusssauce vermengen, alles auf Esstemperatur abkühlen lassen und mit Brokkoli servieren.

💡 **Tipp:** Schneide rote Paprika in Fingerfood-Streifen, dünste sie für 5 Minuten an und gib sie wie den Brokkoli auf das Gericht. So hast du mehr Abwechslung und Farben auf dem Teller.

Glasnudeln mit Paprika

⏲ **Minuten:** 15   👤 **ab Pinzettengriff**   🍴 **Portionen:** 3-4

🛒 **Zutaten:**

- 30 g Glasnudeln
- 50 g rote Paprika
- 50 g gelbe Paprika
- 50 ml Kokosmilch
- 1 TL Cashewmus
- ½ TL mildes Currypulver

♥ **Zubereitung:**

1. Paprika waschen, in handliche Fingerfood-Streifen schneiden und für 5 Minuten in einem Topf dünsten.
2. Kokosmilch und Cashewmus in einem kleinen Topf erwärmen und verrühren. Anschließend das Currypulver hinzugeben.
3. Glasnudeln nach Packungsanweisung zubereiten.
4. Nudeln, Paprika und Kokos-Curry-Sauce mischen, auf Esstemperatur abkühlen lassen und servieren.

💡 **Tipp:** Für mehr Nährstoffe kannst du gewürfelten festen Tofu als weitere Zutat verwenden.

Warme Gerichte mit Reis

Spargel-Risotto

⏱ Minuten: 30   👤 ab Beikostreife   🍴 Portionen: 3-4

🛒 **Zutaten:**

- 80 g Rundkornreis
- 50 g grüner Spargel
- 200 ml Gemüsebrühe (salzarm)
- ½ kleine Zwiebel
- 1 TL Butter
- 1 EL vegetarischer Parmesan (gerieben)

♥ **Zubereitung:**

1. Spargel waschen, die unteren Enden schälen und in ca. 3 cm lange Stücken schneiden. Anschließend für 5 Minuten im Topf dünsten.
2. Zwiebel schälen, fein hacken und in einer Pfanne mit Butter anschwitzen. Reis hinzugeben und kurz mit anbraten. Reis mit Gemüsebrühe bedecken und unter ständigem Rühren verkochen lassen. Dies so lange wiederholen, bis die Brühe aufgebraucht und der Reis durchgegart ist. Gegebenenfalls mehr Wasser hinzugeben.
3. Sobald der Reis gar ist und eine sämige Konsistenz hat, Parmesan und Spargel unterrühren. Kurz köcheln lassen und warm servieren.

💡 **Tipp:** Für mehr Farbe und Geschmack kannst du gehackte frische Petersilie hinzufügen. Außerdem kannst du deine eigene Gemüsebrühe ohne Salz kochen, indem du Zwiebeln, Möhren und Sellerie auskochst.

Kürbis-Risotto

🕐 **Minuten:** 30   👤 **ab Beikostreife**   🍴 **Portionen:** 3-4

🛒 **Zutaten:**

- 80 g Rundkornreis
- 80 g Kürbis
- 200 ml Gemüsebrühe (salzarm)
- ½ kleine Zwiebel
- 1 TL Butter
- 1 EL vegetarischer Parmesan (gerieben)

❤ **Zubereitung:**

1. Kürbis und Zwiebel schälen, klein würfeln und in Butter anschwitzen.
2. Reis hinzugeben und kurz mit anbraten.
3. Anschließend Reis mit Gemüsebrühe bedecken und unter ständigem Rühren verkochen lassen. Dies so lange wiederholen, bis die Brühe aufgebraucht und der Reis durchgegart ist. Gegebenenfalls mehr Wasser hinzugeben.
4. Sobald der Reis gar ist und eine sämige Konsistenz hat, Parmesan unterrühren. Kurz köcheln und anschließend auf Esstemperatur abkühlen lassen und servieren.

💡 **Tipp:** Koche deine eigene Gemüsebrühe ohne Salz, indem du Zwiebeln, Möhren und Sellerie auskochst.

Paprika-Risotto

🕐 **Minuten:** 30   👤 **ab Beikostreife**   🍴 **Portionen:** 3-4

🛒 **Zutaten:**

- 80 g Rundkornreis
- 50 g rote Paprika
- 200 ml Gemüsebrühe (salzarm)
- ½ kleine Zwiebel
- 1 kleine Knoblauchzehe
- 1 EL vegetarischer Parmesan (gerieben)
- 1 TL Paprikapulver (edelsüß)
- 1 TL Olivenöl

♥ **Zubereitung:**

1. Paprika in kleine schmale Streifen schneiden. Zwiebel und Knoblauch schälen, fein hacken und mit den Paprikastreifen in einer Pfanne mit Olivenöl anschwitzen.
2. Reis hinzugeben und kurz mit anbraten.
3. Anschließend Reis mit Gemüsebrühe bedecken und unter ständigem Rühren verkochen lassen. Dies so lange wiederholen, bis die Brühe aufgebraucht und der Reis durchgegart ist. Gegebenenfalls mehr Wasser hinzugeben.
4. Sobald der Reis gar ist und eine sämige Konsistenz hat, Parmesan und Paprikapulver unterrühren. Kurz köcheln lassen und warm servieren.

💡 **Tipp:** Koche deine eigene Gemüsebrühe ohne Salz, indem du Zwiebeln, Möhren und Sellerie auskochst.

Petersilienreis mit Ei

⏲ **Minuten:** 30   👤 **ab Beikostreife**   🍴 **Portionen:** 3-4

🛒 **Zutaten:**

- 80 g Wildreis
- 1 Ei
- ½ kleine Zwiebel
- 5 Blätter Petersilie
- 1 TL Rapsöl

♥ **Zubereitung:**

1. Zwiebel schälen, fein hacken und in einer Pfanne mit Rapsöl anschwitzen.
2. Wildreis nach Packungsanweisung zubereiten.
3. Das Ei anstechen und für 10 Minuten in kochendes Wasser legen. Anschließend abschrecken, die Schale entfernen und der Länge nach vierteln.
4. Petersilie waschen und fein hacken.
5. Reis, Zwiebeln und Petersilie gut verrühren und auf Esstemperatur abkühlen lassen. Petersilien-Reis mit Ei servieren.

💡 **Tipp:** Biete den Reis mit Gemüseresten vom Vortag an.

Gebratener Gemüsereis mit Ei

⏱ **Minuten: 30**　　　👤 **geübte Esser**　　　🍽 **Portionen: 3-4**

🛒 **Zutaten:**

- 50 g Basmatireis
- 50 g Möhren
- 50 g Zucchini
- 1 Ei
- 50 g Mais (Dose)
- 1 TL Rapsöl

❤ **Zubereitung:**

1. Möhren und Zucchini waschen und in kleine Würfel schneiden.
2. Möhrenwürfel in Rapsöl für 5 bis 8 Minuten in einer Pfanne dünsten. Zucchiniwürfel dazugeben und weitere 3 bis 5 Minuten dünsten.
3. Reis nach Packungsanweisung zubereiten und anschließend mit Mais zu Möhren sowie Zucchini geben und gut verrühren.
4. Ei aufschlagen, über Gemüsereis geben und alles bei mittlerer Hitze verrühren, bis das Ei gar ist.
5. Gemüsereis aus der Pfanne nehmen, auf Esstemperatur abkühlen lassen und servieren.

💡 **Tipp:** Für mehr Geschmack gib etwas gehackte frische Petersilie hinzu.

Reis mit Tofu und Spinat

⊙ **Minuten:** 30   👤 **ab Beikostreife**   🍴 **Portionen:** 3-4

🛒 **Zutaten:**

- 50 g Reis
- 50 g fester Tofu
- 50 g TK-Spinat
- ½ kleine Zwiebel
- 1 EL Frischkäse
- 1 Msp. Ingwer
- 1 TL Sesamöl
- ½ TL Stärke

❤ **Zubereitung:**

1. Reis nach Packungsanweisung zubereiten.
2. Zwiebel und Ingwer schälen. Zwiebeln fein hacken und Ingwer reiben. Beides in einer Pfanne mit Sesamöl andünsten.
3. Tofu in handliche Würfel schneiden, in Stärke rollen und mit in die Pfanne geben. Für 3 Minuten unter Wenden braten und wieder aus der Pfanne nehmen.
4. TK-Spinat fein hacken, mit Frischkäse in die Pfanne geben und kochen, bis eine sämige Sauce entsteht.
5. Sauce über Reis und Tofu geben, auf Esstemperatur abkühlen lassen und servieren.

💡 **Tipp:** Verwende TK-Rahmspinat und lasse den Frischkäse weg.

Süßkartoffel-Kokos-Curry

◷ Minuten: 30   👤 ab Beikostreife   🍴 Portionen: 3-4

🛒 **Zutaten:**

- 50 g Basmatireis
- 50 g Süßkartoffel
- 50 g gehackte Tomaten (Dose)
- ½ kleine Zwiebel
- 50 ml Kokosmilch
- ½ TL mildes Currypulver
- 1 TL Sesamöl

♥ **Zubereitung:**

1. Reis nach Packungsanweisung zubereiten.
2. Zwiebel schälen, fein hacken und in einer Pfanne mit Öl anschwitzen. Währenddessen Süßkartoffel schälen, in kleine Würfel schneiden und mit in die Pfanne geben. Für 2 Minuten braten.
3. Anschließend Tomaten, Kokosmilch und Currypulver dazugeben und alles für 5 bis 8 Minuten bei mittlerer Hitze kochen lassen.
4. Reis mit Curry auf Esstemperatur abkühlen lassen und servieren.

💡 **Tipp:** Als Gemüsealternative kannst du Möhren oder Aubergine verwenden.

Linsenreis mit Tomaten

 Minuten: 30   ab Beikostreife   Portionen: 3-4

Zutaten:

- 80 g Basmatireis
- 30 g grüne Linsen
- 6 Cherry-Tomaten
- 1 kleine Knoblauchzehe
- ½ kleine Zwiebel
- 1 TL Butter

Zubereitung:

1. Reis und Linsen nach Packungsanweisung zubereiten.
2. Knoblauch und Zwiebel schälen, fein hacken und in einer Pfanne mit Butter anschwitzen. Anschließend Reis und Linsen unterrühren.
3. Tomaten waschen und vierteln.
4. Den Linsen-Reis auf Esstemperatur abkühlen lassen und mit den Tomaten servieren.

Tipp: Für einen exotischen Geschmack kannst du 1 Msp. geriebenen Ingwer mit den Zwiebeln und dem Knoblauch anschwitzen.

Rote Reisschnitten

🕐 **Minuten: 30**
(+ 15 Min. Backzeit)

👤 **ab Beikostreife**

🍴 **Portionen: 6-8**

🛒 **Zutaten:**

- 80 g Reis
- 30 g rote Linsen
- 1 TL weiche Butter
- 1 TL Tomatenmark
- 1 Ei
- 1 EL vegetarischer Parmesan (gerieben)

❤ **Zubereitung:**

1. Reis und Linsen nach Packungsanweisung zubereiten.
2. Backofen auf 200 °Grad Umluft (220 °Grad Ober-/Unterhitze) vorheizen.
3. Parmesan, Tomatenmark und Ei zusammen mit weicher Butter in einer Schale verrühren.
4. Reis, Linsen und rote Sauce zu einer gleichmäßigen Masse im Topf verrühren.
5. Reismasse auf einem mit Backpapier ausgelegten Backblech verteilen und ca. 1,5 cm hoch verstreichen. Für 10 bis 15 Minuten backen.
6. Abkühlen lassen, in Schnitten zerteilen und servieren.

Reisbällchen

🕐 Minuten: 30   👤 ab Beikostreife   🍴 Portionen: 4-6

🛒 **Zutaten:**

- 60 g Sushi-Reis
- ¼ Avocado
- 1 TL Mandelmus
- 1 TL Sesamkörner
- 1 TL helles Sesamöl
- ½ TL Reisessig

♥ **Zubereitung:**

1. Reis nach Packungsanweisung zubereiten. Anschließend Reisessig und Sesamkörner unter Reis mischen.
2. Avocado entkernen, Fruchtfleisch von der Schale trennen und mit Erdnussmus in einer Schale zu einem Brei vermischen.
3. EL-große Reisportionen auf der Handinnenfläche ausbreiten. TL-große Mengen Avocado-Erdnussmus in der Mitte platzieren und zu einem gefüllten Reisball formen.
4. Sesamöl in einer Pfanne erhitzen und Reisbällchen unter Wenden für 1 bis 2 Minuten darin leicht anbraten.
5. Bällchen aus der Pfanne nehmen, auf Esstemperatur abkühlen lassen und servieren.

💡 **Tipp:** Verwende Rundkornreis als Alternative zu Sushireis.

Warme Gerichte mit Hülsenfrüchten und Getreide

Graupen-Burger

⏱ **Minuten: 30**
(+ 15 Min. Backzeit)

👤 **geübte Esser**

🍴 **Portionen: 4-6**

🛒 **Zutaten:**

- 50 g Graupen
- 60 g Möhren
- ½ kleine Zwiebel
- 1 Ei
- 1 EL Dinkelmehl
- ½ TL getrockneter Thymian
- 1 TL Rapsöl

❤ **Zubereitung:**

1. Graupen nach Packungsanweisung kochen und abtropfen lassen. Backofen auf 180 °C Umluft (200 °C Unter-/Oberhitze) vorheizen.
2. Möhren schälen und fein reiben. Zwiebel schälen und fein hacken. Graupen mit restlichen Zutaten in einer Schüssel vermengen.
3. EL-große Portionen Graupen-Masse zu Burger-Patties formen, auf ein mit Backpapier ausgelegtes Backblech geben und für 15 Minuten backen.
4. Burger-Patties aus dem Backofen nehmen, auf Esstemperatur abkühlen lassen und servieren.

💡 **Tipp:** Reibe vor dem Backen etwas salzarmen Käse über die Burger-Patties, um das Gericht würziger zu gestalten.

Gerstenpfanne mit Gemüse

◷ **Minuten: 45**   👤 **geübte Esser**   🍴 **Portionen: 3-4**

🛒 **Zutaten:**

- 40 g Rollgerste
- 50 g Möhren
- 50 g Zucchini
- 1 EL Frischkäse
- ½ kleine Zwiebel
- ½ TL getrockneter Rosmarin
- 1 TL Butter

♥ **Zubereitung:**

1. Gerste nach Packungsanweisung zubereiten. Zwiebel schälen, fein hacken und in einer Pfanne mit Butter anschwitzen.
2. Möhren schälen und fein reiben. Zucchini waschen und in kleine Würfel scheiden.
3. Zucchini- und Möhrenstücke ebenfalls in die Pfanne geben und 30 ml Wasser hinzufügen. Bei mittlerer Stufe köcheln lassen, bis Möhren und Zucchini weich werden.
4. Gerste, Frischkäse und Rosmarin unter das Gemüse rühren und für 2 Minuten weiter köcheln lassen.
5. Gericht aus der Pfanne nehmen, auf Esstemperatur abkühlen lassen und servieren.

Gelbe Hirsebällchen

⏲ **Minuten: 45**   👤 **ab Beikostreife**   🍴 **Portionen: 10 (Bällchen)**

🛒 **Zutaten:**

- 100 g Hirse
- 200 ml Gemüsebrühe (salzarm)
- 1 Ei
- 1 TL Rapsöl
- 30 g Käse (gerieben, salzarm)
- ½ TL Kurkumapulver

♥ **Zubereitung:**

1. Hirse für 30 Minuten in Gemüsebrühe bei niedriger Stufe köcheln lassen. Abtropfen und abkühlen lassen.
2. Hirse in einer Schale mit Ei, Käse und Kurkuma verrühren.
3. Öl in einer Pfanne erhitzen. TL-große Portionen Hirse zu Bällchen formen und in der Pfanne kurz von allen Seiten anbraten.
4. Bällchen aus der Pfanne nehmen, auf Esstemperatur abkühlen lassen und servieren.

💡 **Tipp:** Ideal zu den Hirsebällchen passt der Joghurt-Dip (S. 126) aus diesem Buch. Außerdem kannst du deine eigene Gemüsebrühe ohne Salz kochen, indem du Zwiebeln, Möhren und Sellerie auskochst.

Hirse-Paprika-Auflauf

🕐 Minuten: 30　　　👤 geübte Esser　　　🍴 Portionen: 3-4
(+ 15 Min. Backzeit)

🛒 **Zutaten:**

- 60 g Hirse
- 40 g rote Paprika
- 40 g gelbe Paprika
- 20 g Mozzarella (gerieben)
- ½ kleine Zwiebel
- 1 EL getrocknete Petersilie
- 2 EL Frischkäse
- 1 TL Rapsöl

💜 **Zubereitung:**

1. Hirse nach Packungsanweisung zubereiten und abtropfen lassen. Backofen auf 200 °C Umluft (220 °C Ober-/Unterhitze) vorheizen.
2. Paprika waschen und in Würfel schneiden. Zwiebel schälen und hacken. Zwiebel- und Paprikastücke in einer Pfanne in Öl bei mittlerer Hitze für 3 bis 5 Minuten anbraten.
3. Hirse mit den restlichen Zutaten in der Pfanne vermischen und in eine Auflaufform geben. Mit Käse bestreuen und für 15 Minuten goldbraun überbacken.
4. Auflauf aus dem Backofen nehmen, auf Esstemperatur abkühlen lassen und servieren.

Sesam-Kichererbsen-Bällchen

🕐 **Minuten: 20**
(+ 15 Min. Backzeit)

👤 **geübte Esser**

🍴 **Portionen: 8-10**
(Bällchen)

🛒 **Zutaten:**

- 100 g Kürbis
- 50 g Sesam (geschält)
- 1 Ei
- 1 EL Olivenöl
- 200 g Kichererbsen (Dose)

❤ **Zubereitung:**

1. Kürbis waschen, schälen und für 10 Minuten in einem Topf gar kochen. Backofen auf 160 °C Umluft (180 °C Ober-/Unterhitze) vorheizen.

2. Kürbis, Kichererbsen, Ei und Olivenöl in einem Mixer zu einem glatten Teig pürieren. Anschließend Sesam unterrühren.

3. TL-große Bällchen aus dem Teig formen und auf einem mit Backpapier ausgelegten Backblech verteilen. Für 15 Minuten backen.

4. Bällchen aus dem Backofen nehmen, auf Esstemperatur abkühlen lassen und servieren.

💡 **Tipp:** Probiere das Rezept alternativ zu den Kichererbsen mit dicken weißen Bohnen oder Kidneybohnen aus.

Linsen mit Ingwer und Tomaten

🕐 **Minuten:** 25   👤 **ab Beikostreife**   🍴 **Portionen:** 3-4

🛒 **Zutaten:**

- 100 g gehackte Tomaten (Dose)
- 50 g Linsen (Dose)
- ½ kleine Zwiebel
- 1 kleine Knoblauchzehe
- 1 Msp. Ingwer
- 1 TL Rapsöl

❤ **Zubereitung:**

1. Zwiebeln, Knoblauch und Ingwer schälen. Zwiebeln und Knoblauch fein hacken, Ingwer reiben. Alles in einer Pfanne mit Öl anschwitzen.
2. Dosentomaten und Linsen hinzugeben und für 15 Minuten bei mittlerer Hitze köcheln lassen, bis die Linsen weich sind. Gegebenenfalls etwas Wasser hinzugeben, damit die Zutaten nicht anbrennen.
3. Gericht aus der Pfanne nehmen, auf Esstemperatur abkühlen lassen und servieren.

💡 **Tipp:** Serviere das Gericht mit 1 TL Joghurt als Farbtupfer.

Grüne Linsenbratlinge

🕐 **Minuten:** 40   👤 **geübte Esser**   🍴 **Portionen:** 10 (Bratlinge)

🛒 **Zutaten:**

- 50 g grüne Linsen
- 30 g Dinkelmehl
- 30 g Möhren
- 1 Ei
- 1 TL Rapsöl
- 5 Blätter Petersilie

❤ **Zubereitung:**

1. Linsen nach Packungsanweisung kochen, abgießen und abkühlen lassen.
2. Möhren schälen und reiben.
3. Linsen, Möhren, Mehl, Ei und Petersilie in einem Mixer geben und pürieren.
4. TL-große Bratlinge in einer Pfanne mit Öl von beiden Seiten 2 bis 3 Minuten bei mittlerer Hitze anbraten.
5. Bratlinge aus der Pfanne nehmen, auf Esstemperatur abkühlen lassen und servieren.

💡 **Tipp:** Der Joghurt-Dip (S. 126) aus diesem Buch passt ideal dazu.

Linsen-Blumenkohl-Sticks

Minuten: 10 (+ 1,5 Std. Back- und Wartezeit) **ab Beikostreife** **Portionen:** 8 (Sticks)

Zutaten:

- 50 g rote Linsen
- 30 g Dinkelmehl
- 120 ml Wasser
- ¼ Blumenkohl
- 1 TL Rapsöl
- 1 TL getrocknete Petersilie
- 1 TL Zitronensaft (frisch gepresst)

Zubereitung:

1. Backofen auf 180 °C Umluft (200 °C Ober-/Unterhitze) vorheizen.
2. Linsen nach Packungsanweisung zubereiten. Überschüssiges Wasser in einem sauberen Geschirrtuch ausdrücken.
3. Blumenkohl waschen, in kleine Stückchen brechen, in einer Schüssel mit Öl mischen und auf einem mit Backpapier ausgelegten Backblech verteilen. Für 30 Minuten backen. Nach der Hälfte der Zeit wenden.
4. Linsen, Blumenkohl und restliche Zutaten in einer Schüssel zu einem Teig vermengen und für 30 Minuten kaltstellen.
5. Teig zu Sticks formen, auf einem mit Backpapier ausgelegten Backblech verteilen und für 20 Minuten backen.
6. Sticks aus dem Backofen nehmen, auf Esstemperatur abkühlen lassen und servieren.

Linsen-Curry mit Brokkoli

◔ **Minuten:** 30   ♦ **ab Beikostreife**   🍴 **Portionen:** 3-4

🛒 **Zutaten:**

- 50 g Linsen
- 50 g Brokkoli
- 120 ml Kokosmilch
- ½ kleine Zwiebel
- 1 TL Tomatenmark
- 1 TL Rapsöl
- 5 Blätter Koriander

♥ **Zubereitung:**

1. Brokkoli waschen, in kleine Stücke brechen und 10 Minuten im Dampfgarer dünsten.
2. Linsen in einem Topf mit Kokosmilch bei geringer Hitze für 10 Minuten köcheln lassen.
3. Zwiebel schälen, fein hacken und in einer Pfanne mit Öl anschwitzen. Anschließend mit Tomatenmark verrühren.
4. Koriander waschen und fein hacken. Gemüse mit Koriander zu den Linsen geben und verrühren. Gericht aus der Pfanne nehmen, auf Esstemperatur abkühlen lassen und servieren.

💡 **Tipp:** Verwende alternatives Gemüse, wie Süßkartoffeln, Zucchini oder Kürbis.

Chili con Tofu

◷ **Minuten: 40**　　　 **geübte Esser**　　　🍴 **Portionen: 3-4**

🛒 **Zutaten:**

- 50 g fester Tofu
- 50 g gehackte Tomaten (Dose)
- 50 g Mais (Dose)
- ½ kleine Zwiebel
- 50 g Kidneybohnen (Dose)
- ½ TL getrockneter Thymian
- 1 TL Rapsöl

♥ **Zubereitung:**

1. Tofu fein hacken und mit Öl in einer beschichteten Pfanne für 10 Minuten anbraten, bis eine leichte Bräune entsteht.
2. Zwiebel schälen, fein hacken, hinzugeben und ebenfalls anbraten, bis sie glasig sind.
3. Kidneybohnen in einem Sieb waschen.
4. Die Tomaten, Bohnen, Mais und Thymian hinzugeben und alles für weitere 15 Minuten köcheln lassen. Gericht aus der Pfanne nehmen, auf Esstemperatur abkühlen lassen und servieren.

💡 **Tipp:** Für einen höheren Gemüseanteil kannst du etwas geriebene Möhren mit den Tomaten hinzugeben.

Gesunde Snacks

Bananen-Pancakes

⏲ Minuten: 15   👤 ab Beikostreife   🍴 Portionen: 10 (Pancakes)

🛒 **Zutaten:**

- 1 reife Banane
- 2 Eier
- 20 ml Sprudelwasser
- 2 EL Dinkelmehl
- 1 TL Rapsöl

❤ **Zubereitung:**

1. Banane mit einer Gabel in einer Schale zu Mus zerdrücken.
2. Eier in einer Schüssel verquirlen, Mehl unterrühren und alles mit dem Bananenmus zu einem Teig glattrühren. Sollte die Konsistenz zu fest sein, einen Schluck Sprudelwasser hinzugeben.
3. EL-große Pancakes in einer Pfanne mit Öl für 1 Minute von jeder Seite ausbacken.
4. Pancakes aus der Pfanne nehmen, auf Esstemperatur abkühlen lassen und servieren.

💡 **Tipp:** Für etwas Verzierung und zusätzliche Nährstoffe kannst du die Pancakes mit Mandelmus bestreichen.

Blaubeer-Buttermilch-Pfannkuchen

⏱ Minuten: 15　　👶 ab Beikostreife　　🍴 Portionen: 10 (Pfannkuchen)

🛒 **Zutaten:**

- 60 g feine Haferflocken
- 50 g Blaubeeren
- 2 Eier
- 125 ml Buttermilch
- 1 TL Rapsöl

❤ **Zubereitung:**

1. Haferflocken, Eier und Buttermilch in einer Schüssel zu einem glatten Teig verrühren.
2. Blaubeeren vierteln und unter Teig rühren. (Hinweis: Blaubeeren haben eine härtere Schale als Himbeeren oder Erdbeeren und müssen daher kleiner geschnitten werden! Je nach Entwicklung und Alter deines Babys kannst du die Blaubeeren auch pürieren.)
3. EL-große Pfannkuchen in einer Pfanne mit Öl für 1 Minute von beiden Seiten ausbacken. Pfannkuchen aus der Pfanne nehmen, auf Esstemperatur abkühlen lassen und servieren.

💡 **Tipp:** Statt Blaubeeren kannst du saisonal auch Erdbeeren verwenden.

Süßkartoffel-Waffeln

⏱ **Minuten: 30**　　👤 **ab Beikostreife**　　🍴 **Portionen: 3-4**

🛒 **Zutaten:**

- 100 g Süßkartoffel
- 100 g Dinkelmehl
- 100 ml Milch (oder Pflanzenmilch)
- 50 g Butter
- 1 Ei
- ½ TL Weinsteinbackpulver

♥ **Zubereitung:**

1. Süßkartoffel schälen, kleinschneiden und in einem Topf mit Wasser gar kochen.
2. Süßkartoffel für kurze Zeit auskühlen lassen und in einer Schüssel mit einer Gabel zu Brei zerdrücken. Anschließend mit restlichen Zutaten zu einem glatten Teig verrühren.
3. Ein Waffeleisen erhitzen, fetten und Waffeln ausbacken.
4. Waffeln aus dem Waffeleisen nehmen, auf Esstemperatur abkühlen lassen und servieren.

💡 **Tipp:** Für etwas Verzierung und zusätzliche Nährstoffe kannst du die Pancakes mit Cashewmus oder Erdnussmus bestreichen.

French Toast

○ **Minuten:** 15   ♂ **ab Beikostreife**   🍴 **Portionen:** 1 (Toast)

🛒 **Zutaten:**

- 1 Scheibe Graubrot
- 1 Ei
- 50 ml Milch (oder Pflanzenmilch)
- 1 Prise Ceylon-Zimt
- 1 TL Butter

♥ **Zubereitung:**

1. Ei in einer Schüssel aufschlagen und mit Milch und Zimt verquirlen.
2. Brotscheibe in der Eiermischung einweichen lassen.
3. Butter in einer Pfanne schmelzen und Ei-Brot in der Pfanne von beiden Seiten ungefähr 2 Minuten bei mittlerer Hitze anbraten.
4. In Fingerfood-Streifen schneiden, auf Esstemperatur abkühlen lassen und servieren.

💡 **Tipp:** Für mehr Süße kannst du das French Toast anschließend mit etwas Dattelsirup bestreichen.

Beeren mit Nussmus

⏰ **Minuten:** 5　　👤 **ab Beikostreife**　　🍴 **Portionen:** 1-2

🛒 **Zutaten:**

- ✓ 50 g gemischte Beeren
- ✓ 1 TL Nussmus (nach Wahl)

♥ **Zubereitung:**

1. Beeren waschen und vierteln.
2. Geschnittene Beeren mit Nussmus beträufeln und servieren.
3. Alternativ Beeren in das Nussmus dippen.

💡 **Tipp:** Du kannst auch gedünstete Apfel- und Birnen-Ringe oder Bananen als Alternative verwenden. Mit einer Prise Zimt kannst du dem Snack zudem eine weihnachtliche Note verleihen.

Tomate-Mozzarella

⏲ Minuten: 5   👤 geübte Esser   🍴 Portionen: 1-2

🛒 **Zutaten:**

- 4 Cherry-Tomaten
- 50 g Mozzarella
- 1 TL Olivenöl
- ½ TL dunkler Balsamicoessig
- 5 Blätter Basilikum

♥ **Zubereitung:**

1. Cherry-Tomaten waschen und vierteln.
2. Mozzarella aus der Verpackung nehmen, Wasser abgießen und in Würfel schneiden. Basilikum waschen und fein hacken.
3. Tomaten und Mozzarella in einer Schale mischen und anschließend mit Olivenöl und Balsamicoessig beträufeln.
4. Basilikum darüber streuen und servieren.

💡 **Tipp:** Die Zutaten sind ab Beikostreife geeignet, jedoch musst du dann für das bessere Greifen eine Fleischtomate anstelle der Cherry-Tomaten verwenden und diese zusammen mit dem Mozzarella in Fingerfood-Streifen schneiden.

Mandel-Kokos-Riegel

🕐 **Minuten: 10**
(+ 20 Min. Backzeit)

👤 **ab Beikostreife**

🍴 **Portionen: 6-8**
(Riegel)

🛒 **Zutaten:**

- ✓ 100 g feine Haferflocken
- ✓ 50 g Mandelmus
- ✓ 50 g Kokosraspeln
- ✓ 2 EL Kokosöl
- ✓ 2 EL Dattelsirup

♥ **Zubereitung:**

1. Backofen auf 160 °C Umluft (180 °C Ober-/Unterhitze) vorheizen.
2. Alle Zutaten in einer Schüssel gut vermengen, bis eine feste Masse entsteht.
3. Riegel-Masse auf einem mit Backpapier ausgelegten Backblech gleichmäßig 1,5 cm hoch verstreichen und mit einem großen Messer die Riegelform vorschneiden.
4. Riegel für 20 Minuten backen.
5. Riegel aus dem Backofen nehmen, auf Esstemperatur abkühlen lassen und servieren.

💡 **Tipp:** Du kannst die Riegel in einem luftdicht verschlossenen Behälter für 3 bis 5 Tage aufbewahren.

Käse-Omelette-Streifen

Minuten: 10   **ab Beikostreife**   **Portionen:** 2 (Sticks)

Zutaten:

- 1 TL Zwiebeln
- 1 EL Käse (mild, gerieben)
- 1 Cherry-Tomate
- 1 Ei
- 1 TL Milch (oder Pflanzenmilch)
- 1 TL Olivenöl

Zubereitung:

1. Zwiebel schälen und fein hacken. Tomaten waschen und ebenfalls hacken. Zwiebel- und Tomatenstücke in einer beschichteten Pfanne mit Öl 2 Minuten anschwitzen.
2. Ei in einer Schüssel aufschlagen und mit Milch verquirlen. Zwiebeln, Tomaten und Käse mit der Ei-Milch-Mischung verrühren.
3. Gesamte Eimasse zurück in die Pfanne geben und bei mittlerer Hitze von beiden Seiten 2 Minuten anbraten.
4. Abkühlen lassen, in handliche Streifen schneiden und servieren.

Tipp: Füge 1 EL fein geriebene Kartoffel oder Möhre in Schritt 1 hinzu, um den Gemüseanteil zu erhöhen.

Haferflocken-Mango-Joghurt

Minuten: 10　　　ab Beikostreife　　　Portionen: 1

Zutaten:
- 80 g Mango
- 1 EL feine Haferflocken
- 1 EL griechischer Joghurt

Zubereitung:
1. Mango schälen und fein würfeln.
2. Gewürfelte Mango, Joghurt und Haferflocken in einer Schale verrühren und servieren.

Tipp: Rühre 1 TL geschrotete Hanfsamen unter den Joghurt, um eine festere Konsistenz zu erreichen und mehr Nährstoffe hinzuzufügen. Anstatt Mango kannst du auch goldene Kiwis verwenden.

Gekochtes Ei mit Kräutern

⏱ Minuten: 10   👤 ab Beikostreife   🍴 Portionen: 2

🛒 **Zutaten:**

- ✓ 1 Ei
- ✓ 5 Blätter Schnittlauch
- ✓ 5 Blätter Petersilie

♥ **Zubereitung:**

1. Ei anstechen und vorsichtig in einen Topf mit kochendem Wasser geben.
2. Für 10 Minuten kochen lassen, bis das Ei vollständig gegart ist.
3. Mit kaltem Wasser abschrecken und Schale entfernen.
4. Schnittlauch und Petersilie waschen und fein hacken.
5. Ei vierteln und abkühlen lassen. Mit Kräutern bestreuen und servieren.

💡 **Tipp:** Für noch mehr Geschmack und Würze eine Prise getrocknete Kräuter wie Oregano oder Paprikapulver darüberstreuen.

Brokkoli-Käse-Muffins

🕐 **Minuten: 20**
(+ 20 Min. Backzeit)

👤 **ab Beikostreife**

🍽 **Portionen: 12**
(kleine Muffins)

🛒 **Zutaten:**

- 200 g Brokkoli
- 50 g Käse (salzarm, gerieben)
- 50 ml Milch (oder Pflanzenmilch)
- 25 ml Rapsöl
- 125 g Dinkelmehl
- 2 Eier
- ½ TL Weinsteinbackpulver

❤ **Zubereitung:**

1. Backofen auf 180 °C Umluft (200 °C Ober-/Unterhitze) vorheizen.
2. Brokkoli waschen, klein schneiden und für 5 Minuten in einem Topf dünsten. Abschrecken und anschließend fein hacken.
3. Die restlichen Zutaten in einer Schüssel zu einem glatten Teig verrühren und Brokkoli unterheben.
4. Muffinformen fetten, den Teig gleichmäßig darin verteilen und für 20 Minuten backen.
5. Muffins aus dem Backofen nehmen, auf Esstemperatur abkühlen lassen und servieren.

Möhren-Muffins

🕐 **Minuten:** 20　　👤 **ab Beikostreife**　　🍴 **Portionen:** 12
(+ 20 Min. Backzeit)　　　　　　　　　　　　(Muffins)

🛒 **Zutaten:**

- 200 g Möhren
- 75 g Dinkelmehl
- 75 g feine Haferflocken
- 50 ml Milch (oder Pflanzenmilch)
- 2 Eier
- 50 g Mandelmehl
- 25 ml Rapsöl
- ½ TL Weinsteinbackpulver

❤ **Zubereitung:**

1. Backofen auf 180 °C Umluft (200 °C Ober-/Unterhitze) vorheizen.
2. Möhren schälen und mit einer Reibe fein reiben.
3. Restliche Zutaten in einer Schüssel zu einem glatten Teig verrühren und die geriebenen Möhren unterheben.
4. Muffinformen fetten, den Teig gleichmäßig darin verteilen und für 20 Minuten backen.
5. Muffins aus dem Backofen nehmen, auf Esstemperatur abkühlen lassen und servieren.

💡 **Tipp:** Für mehr Variation kannst du 100 g Möhren und 100 g Zucchini verwenden.

Bananen-Kokos-Finger

⏲ Minuten: 10   👤 ab Beikostreife   🍴 Portionen: 3

🛒 **Zutaten:**
- ✓ 1 Banane
- ✓ 1 TL Kokosflocken

❤ **Zubereitung:**

1. Banane schälen, in 3 gleich große Stücke teilen und diese wiederum der Länge nach dritteln.
2. Bananen-Finger in Kokosflocken wälzen und servieren.

💡 **Tipp:** Die Kokosflocken sorgen für einen besseren Halt in der Babyhand. Alternativ kannst du feine Haferflocken verwenden.

Kakao-Energie-Bällchen

○ **Minuten:** 15   ● **ab Pinzettengriff**   🍴 **Portionen:** 10-12 (Bällchen)

🛒 **Zutaten:**

- 80 g Datteln (entsteint)
- 50 g feine Haferflocken
- 20 g Backkakao
- 20 g Mandelmus
- 1 EL Orangensaft
- 1 TL Kokosöl

♥ **Zubereitung:**

1. Alle Zutaten in einen Mixer geben und so lange pürieren, bis sich die Zutaten zu einer glatten und festen Masse verbinden.
2. TL-große Portionen in der Handinnenfläche zu Bällchen rollen.
3. Sofort servieren oder im Kühlschrank kaltstellen.

💡 **Tipp:** Für mehr Textur kannst du die Bällchen in Kokosraspeln wälzen.

Gemüse-Käse-Sticks

⏲ **Minuten: 10**   👤 **ab Beikostreife**   🍽 **Portionen: 10-12**
(+ 20 Min. Backzeit)   (Sticks)

🛒 **Zutaten:**

- 100 g Kichererbsen (Dose)
- 50 g TK-Erbsen
- 50 g Möhren
- 50 g Spinat
- 50 g Käse (gerieben)
- 5 Blätter Petersilie
- 1 Ei

♥ **Zubereitung:**

1. Backofen auf 180 °C Umluft (200 °C Ober-/Unterhitze) vorheizen.
2. Möhren schälen und fein reiben. Spinat waschen und fein hacken. Kichererbsen abtropfen lassen, mit den restlichen Zutaten in einen Mixer geben und grob pürieren.
3. Teig auf einem mit Backpapier ausgelegten Backblech gleichmäßig 1,5 cm hoch verstreichen und für 20 Minuten backen.
4. Abkühlen lassen, in Fingerfood-Sticks schneiden und servieren.

💡 **Tipp:** Nutze Ausstechformen, anstatt die Masse einfach nur in Sticks zu schneiden.

Gesunde Dips

Joghurt-Koriander-Dip

🕐 **Minuten:** 10   👤 **ab Beikostreife**   🍴 **Portionen:** 1 (Schälchen)

🛒 **Zutaten:**

- ½ Limette
- 30 g rote Zwiebel
- 30 g frischer Koriander
- 100 g griechischer Joghurt
- 1 Prise milder Pfeffer

♥ **Zubereitung:**

1. Zwiebel schälen und fein hacken. Koriander waschen und ebenfalls fein hacken.
2. Joghurt, Zwiebeln und Koriander in eine kleine Schüssel geben und verrühren.
3. Limette auspressen und Limettensaft unter Joghurt mischen.
4. Mit etwas mildem Pfeffer abschmecken und servieren.

💡 **Tipp:** Den Joghurt-Koriander-Dip kannst du zum Dippen für Fingerfood zubereiten.

Guacamole

🕐 **Minuten:** 10   👤 **ab Beikostreife**   🍴 **Portionen:** 1 (Schälchen)

🛒 **Zutaten:**

- 1 reife Avocado
- 30 g rote Zwiebel
- 30 g frischer Koriander
- 1 kleine Knoblauchzehe
- ½ Limette

💛 **Zubereitung:**

1. Avocado halbieren, entkernen, Fruchtfleisch von der Schale trennen und in eine Schüssel geben.
2. Limette mit der Hand über der Avocado auspressen. Anschließend Avocado mit einer Gabel so fein wie möglich zu einem Brei zerdrücken.
3. Zwiebel schälen und fein hacken. Koriander waschen und ebenfalls hacken.
4. Knoblauch schälen, durch eine Knoblauchpresse drücken und mit Zwiebeln sowie Koriander unter den Avocado-Brei mischen. Anschließend servieren.

💡 **Tipp:** Verwende die Guacamole als Dip oder Brotaufstrich.

Hummus

⏱ **Minuten:** 10   👤 **ab Beikostreife**   🍴 **Portionen:** 1 (Schälchen)

🛒 **Zutaten:**

- 50 g Kichererbsen (Dose)
- 1 kleine Knoblauchzehe
- ½ Zitrone
- 1 TL Sesammus (Tahin)
- 1 EL Olivenöl
- ½ TL Kreuzkümmel

♥ **Zubereitung:**

1. Saft der Zitrone auspressen.
2. Knoblauch durch eine Knoblauchpresse drücken.
3. Alle Zutaten in einen Mixer geben, zu Hummus pürieren und servieren.

💡 **Tipp:** Für eine längere Haltbarkeit im Kühlschrank kannst du den Hummus in einen luftdichten Behälter geben, die Oberfläche glattstreichen und mit Olivenöl bedecken.

Tomatenketchup

Minuten: 10   **ab Beikostreife**   **Portionen:** 1 (Schälchen)

Zutaten:
- 50 g passierte Tomaten (Dose)
- 30 g Apfelmark (100 % Fruchtanteil)
- 1 EL Tomatenmark
- 1 TL Paprika (edelsüß)
- 1 TL Balsamicoessig

Zubereitung:
1. Alle Zutaten in einen Topf geben und für 1 Minute köcheln lassen.
2. Für eine bessere Konsistenz in einen Mixer geben, pürieren und servieren.

Tipp: Mit einem halben TL mildem Currypulver kannst du einen Curry-Ketchup daraus machen. Gib dieses einfach wie die anderen Zutaten in den Topf hinzu.

Mandeljoghurt

⏲ **Minuten:** 10   👤 **ab Beikostreife**   🍴 **Portionen:** 1
(Schälchen)

🛒 **Zutaten:**

- ✓ 50 g griechischer Joghurt
- ✓ 1 EL Dattelsirup
- ✓ 1 EL Mandelmus

♥ **Zubereitung:**

1. Joghurt und Mandelmus in einer Schale gründlich verrühren, bis sich das Mandelmus gleichmäßig verteilt hat.
2. Dattelsirup hinzugeben und so lange rühren, bis alles gleichmäßig miteinander verbunden ist. Anschließend servieren.

💡 **Tipp:** Biete den Mandeljoghurt zu Früchte- und Obst-Fingerfood an oder verwende ihn als Zutat im Müsli. Andere Nussmus-Sorten, wie Haselnuss-, oder Erdnussmus eignen sich ebenfalls für dieses Rezept.

Gebäck ohne Zucker

Joghurt-Küchlein mit Mango

🕐 Minuten: 10　　👤 ab Beikostreife　　🍴 Portionen: 6
(+ 15 Min. Backzeit)　　　　　　　　　　(Küchlein)

🛒 **Zutaten:**

- 100 g Mango
- 100 g Dinkelmehl
- 2 Eier
- 1 TL Weinsteinbackpulver
- 400 g griechischer Joghurt

❤ **Zubereitung:**

1. Backofen auf 180 °C Umluft (200 °C Ober-/Unterhitze) vorheizen.
2. Mango schälen, pürieren und mit restlichen Zutaten in einer Schüssel zu einem glatten Teig verrühren.
3. Teig gleichmäßig in 6 vorgefettete Tarteformen mit 10 cm Durchmesser geben und für 15 Minuten backen.
4. Küchlein aus dem Backofen nehmen, auf Esstemperatur abkühlen lassen und servieren.

💡 **Tipp:** Verziere die Küchlein mit frischen Beeren, Früchten oder Obst.

Schokokuchen ohne Zucker

⏱ **Minuten:** 10 **ab Beikostreife** 🍴 **Portionen:** 12
(+ 35 Min. Backzeit)

🛒 **Zutaten:**

- 200 g Dinkelmehl
- 50 g Haselnüsse (gehackt)
- 50 g Walnüsse (gehackt)
- 100 g Dattelsirup
- 1 Orange
- 100 g Apfelmark (100 % Fruchtanteil)
- 50 g weiche Butter
- 4 EL Backkakao
- 2 TL Weinsteinbackpulver

💛 **Zubereitung:**

1. Backofen auf 170 °C Umluft (190 °C Ober-/Unterhitze) vorheizen.
2. Apfelmark in einer Schüssel mit weicher Butter zu einer Creme rühren. Orange auspressen und dazugeben. Mit restlichen Zutaten zu einem glatten Teig verrühren.
3. Eine Springform mit 20 cm Durchmesser fetten, Teig hineingeben und für 35 Minuten backen.
4. Kuchen auf Esstemperatur abkühlen lassen und servieren.

💡 **Tipp:** Aus 100 g zuckerfreier geschmolzener Schokolade verrührt mit 3 EL Orangensaft kannst du eine Schokoglasur für den Kuchen herstellen.

Möhrenkuchen

⏱ **Minuten: 15**
(+ 40 Min. Backzeit)

👤 **ab Beikostreife**

🍴 **Portionen: 12**

🛒 **Zutaten:**

- 250 g Möhren
- 200 g Mandeln (gemahlen)
- 150 g Dinkelmehl
- 100 g Dattelsirup
- Mark ½ Vanilleschote
- 50 g griechischer Joghurt
- 100 g Butter
- 5 Eier
- 1 TL Weinsteinbackpulver
- 1 TL Ceylon-Zimt

❤ **Zubereitung:**

1. Backofen auf 180 °C Umluft (200 °C Ober-/Unterhitze) vorheizen.
2. Eier mit Butter und Vanillemark in einer Schüssel schaumig schlagen.
3. Mehl, Zimt und Backpulver in einer Schüssel verrühren.
4. Möhren schälen und raspeln. Anschließend Möhren, Mandeln, Dattelsirup und Joghurt zur Mehlmischung hinzugeben und zu einem Teig verrühren. Eimasse unter den Teig heben.
5. Teig in eine gefettete Springform mit 20 cm Durchmesser geben und für 40 Minuten backen.
6. Kuchen aus dem Backofen nehmen, abkühlen lassen und servieren.

Himbeer-Bananen-Muffins

🕐 **Minuten:** 10　　　👤 **ab Beikostreife**　　　🍴 **Portionen:** 12
(+ 25 Min. Backzeit)

🛒 **Zutaten:**

- 150 g reife Bananen
- 100 g Himbeeren
- 100 g feine Haferflocken
- 175 ml Milch (oder Pflanzenmilch)
- 80 g Butter
- 3 Eier
- 150 g Dinkelmehl
- 1 TL Weinsteinbackpulver
- Mark ½ Vanilleschote

♥ **Zubereitung:**

1. Backofen auf 170 °C Umluft (190 °C Ober-/Unterhitze) vorheizen.
2. Banane in einer Schale mit einer Gabel zu Mus zerdrücken. Butter, Eier und Vanille in einer Schale schaumig schlagen. Mehl, Bananenmus, Backpulver, Haferflocken und Milch unter die Eimischung rühren.
3. Himbeeren waschen und vorsichtig unterheben.
4. Muffinformen fetten, Teig gleichmäßig darin verteilen und für 25 Minuten backen.
5. Muffins aus dem Backofen nehmen, auf Esstemperatur abkühlen lassen und servieren.

💡 **Tipp:** Für mehr Süße kannst du 3 EL Dattelsirup hinzugeben.

Apfel-Zimt-Muffins

⏱ **Minuten:** 15
(+ 25 Min. Backzeit)

👤 **ab Beikostreife**

🍴 **Portionen:** 12

🛒 **Zutaten:**

- 3 mittelgroße Äpfel
- 100 g Mandeln (gemahlen)
- 2 Eier
- ½ TL Ceylon-Zimt
- 100 g Dinkelmehl
- 150 g Joghurt (Natur oder griechisch)
- 50 ml Rapsöl
- 1 TL Weinsteinbackpulver

❤ **Zubereitung:**

1. Backofen auf 170 °C Umluft (190 °C Ober-/Unterhitze) vorheizen.
2. Äpfel waschen, schälen und fein reiben.
3. Öl, Joghurt und Eier in einer Schüssel schaumig schlagen. Anschließend die restlichen Zutaten hinzugeben.
4. Muffinformen fetten, Teig gleichmäßig darin verteilen und für 25 Minuten backen.
5. Muffins aus dem Backofen nehmen, auf Esstemperatur abkühlen lassen und servieren.

💡 **Tipp:** Mit steif geschlagener Sahne garnieren.

Erbsen-Möhren-Muffins

◷ Minuten: 10   ♁ ab Beikostreife   🍴 Portionen: 12
(+ 35 Min. Backzeit)

🛒 **Zutaten:**

- 150 g Möhren
- 150 g TK-Erbsen
- 50 g Mozzarella (gerieben)
- 3 Eier
- 40 ml Rapsöl
- 230 g Dinkelmehl
- 100 ml Wasser

♥ **Zubereitung:**

1. Erbsen aus dem Tiefkühler nehmen und auftauen lassen (sie müssen nicht vollständig aufgetaut sein).
2. Backofen auf 175 °C Umluft (195 °C Ober-/Unterhitze) vorheizen.
3. Möhren schälen und mit einer Reibe fein raspeln.
4. Möhrenraspel und Erbsen mit Mehl, Eiern, Öl und Wasser in einer Schüssel vermengen. Anschließend Käse hinzugeben und verrühren.
5. Muffinformen fetten, Teig gleichmäßig darin verteilen und für 35 Minuten backen.
6. Muffins aus dem Backofen nehmen, auf Esstemperatur abkühlen lassen und servieren.

Haferkekse

⏲ **Minuten:10**   👤 **ab Beikostreife**   🍴 **Portionen: 20**
(+ 20 Min. Backzeit)   (Kekse)

🛒 **Zutaten:**

- 125 g feine Haferflocken
- 2 Eier
- 100 g Apfelmark (100 % Fruchtanteil)
- 1 Msp. Ceylon-Zimt
- 30 g Mandeln (gerieben)
- 100 g Joghurt (Natur oder griechisch)
- ½ TL Weinsteinbackpulver

♥ **Zubereitung:**

1. Backofen auf 160 °C Umluft (180 °C Ober-/Unterhitze) vorheizen.
2. Alle Zutaten in einer Schüssel zu einem Teig verrühren.
3. TL-große Portionen Teig auf einem mit Backpapier ausgelegten Backblech mit etwas Abstand platzieren und für 20 Minuten backen.
4. Kekse aus dem Backofen nehmen, auf Esstemperatur abkühlen lassen und servieren.

💡 **Tipp:** Alternativ zum Apfelmark kannst du eine reife Banane verwenden.

Kokoskekse

🕐 **Minuten:** 10　　👤 **ab Pinzettengriff**　　🍴 **Portionen:** 20
(+ 20 Min. Backzeit)　　　　　　　　　　　　　　　　(Kekse)

🛒 **Zutaten:**

- ✔ 140 g Kokosraspeln
- ✔ 2 reife Bananen
- ✔ 2 TL Mandelmus
- ✔ 2 TL Dattelsirup

❤ **Zubereitung:**

1. Backofen auf 160 °C Umluft (180 °C Ober-/Unterhitze) vorheizen.
2. Bananen schälen und mit einer Gabel in einer Schale zu Mus zerdrücken. Mit den restlichen Zutaten in einer Schüssel zu einem Teig verrühren.
3. TL-große Portionen auf einem mit Backpapier ausgelegten Backblech verteilen und für 20 Minuten backen.
4. Kekse aus dem Backofen nehmen, auf Esstemperatur abkühlen lassen und servieren.

💡 **Tipp:** Die Kekse halten sich 3 bis 5 Tage im Kühlschrank und 6 Monate im Tiefkühler.

Kichererbsen-Apfel-Kekse

🕐 **Minuten:** 10   👤 **ab Beikostreife**   🍴 **Portionen:** 12
(+ 15 Min. Backzeit)   (Brownies)

🛒 **Zutaten:**

- 1 reife Banane
- 1 Apfel
- 260 g Kichererbsen (Dose)
- 40 g feine Haferflocken
- ½ TL Ceylon-Zimt

❤ **Zubereitung:**

1. Backofen auf 180 °C Umluft (200 °C Ober-/Unterhitze) vorheizen.
2. Alle Zutaten, außer den Apfel, in einen Mixer geben und zu einem glatten Teig pürieren.
3. Anschließend Apfel schälen, reiben und unterrühren.
4. TL-große Portionen auf einem mit Backpapier ausgelegten Backblech verteilen und für 15 Minuten backen.
5. Kekse aus dem Backofen nehmen, auf Esstemperatur abkühlen lassen und servieren.

💡 **Tipp:** Für mehr Farbe kannst du 50 g klein geschnittene Erdbeeren zum Teig hinzugeben.

Mandel-Brownies

⏱ **Minuten: 10**   👤 **ab Beikostreife**   🍴 **Portionen: 6-8**
(+ 20 Min. Backzeit)   (Stück)

🛒 **Zutaten:**

- ✔ 2 reife Bananen
- ✔ 2 Eier
- ✔ 5 EL Mandelmehl
- ✔ 3 EL Kürbiskernmehl
- ✔ 3 EL feine Haferflocken
- ✔ 1 EL Backkakao
- ✔ 1 EL Mandelmus

❤ **Zubereitung:**

1. Backofen auf 180 °C Umluft (200 °C Ober-/Unterhitze) vorheizen.
2. Bananen schälen und mit Mandelmus und Eier mit einer Gabel in einer Schale zerdrücken und vermischen.
3. Mandel- sowie Kürbiskernmehl, Haferflocken und Backkakao in einer Schüssel vermengen und anschließend mit der Bananenmasse zu einem glatten Teig verrühren.
4. Teig in eine mit Backpapier ausgelegte Auflaufform geben, sodass der Teig ca. 2 cm hoch ist und für 20 Minuten backen.
5. Brownies aus dem Backofen nehmen, auf Esstemperatur abkühlen lassen und servieren.

💡 **Tipp:** Für Kürbiskernmehl einfach Kürbiskerne in einem Mixer mahlen.

Nachtisch und Pudding ohne Zucker

Kokosmilchreis mit Mango

⏱ **Minuten:** 25   👤 **ab Beikostreife**   🍴 **Portionen:** 1-2

🛒 **Zutaten:**

- 1 EL Rundkornreis
- 100 ml Kokosmilch
- 50 g Mango

♥ **Zubereitung:**

1. Reis mit Kokosmilch in einen Topf geben und bei geringer Hitze so lange kochen, bis der Reis weich ist. Immer wieder umrühren und gegebenenfalls mehr Kokosmilch hinzugeben, damit der Reis nicht anbrennt.
2. Mango schälen und in Würfel schneiden.
3. Kokosmilchreis auf Esstemperatur abkühlen lassen. Mit Mango in eine Schüssel geben und servieren.

💡 **Tipp:** Ananas oder Pfirsich kannst du alternativ zur Mango verwenden.

Himbeer-Grießpudding

⏱ **Minuten: 15**   👤 **ab Beikostreife**   🍴 **Portionen: 3-4**

🛒 **Zutaten:**

- 30 g Weichweizengrieß
- 50 g Himbeeren
- 250 ml Milch (oder Pflanzenmilch)
- 1 EL Dattelsirup
- ½ TL Ceylon-Zimt

❤ **Zubereitung:**

1. Milch in einem Topf erhitzen. Unter ständigem Rühren Grieß nach und nach zur Milch geben.
2. Anschließend Dattelsirup und Zimt unterrühren und den Topf vom Herd nehmen. 1 Minute weiterrühren und in eine Schüssel füllen.
3. Grießpudding auf Esstemperatur abkühlen lassen, mit Himbeeren garnieren und servieren.

💡 **Tipp:** Alternativ zu frischen Himbeeren kannst du TK-Himbeeren verwenden. Dazu Himbeeren auftauen und den Grieß damit garnieren. Für mehr Nährstoffe rühre 1 TL Mandelmus unter die Milch.

Chia-Hafer-Pudding

🕐 **Minuten: 10**   👤 **ab Beikostreife**   🍴 **Portionen: 3-4**
(+ 2 Std. Wartezeit)

🛒 **Zutaten:**

- 50 g feine Haferflocken
- 1 EL Chiasamen
- 250 ml Milch (oder Pflanzenmilch)
- 1 TL Mandelmus
- 1 TL Dattelsirup

❤ **Zubereitung:**

1. Alle Zutaten in einer Schüssel gründlich verrühren und anschließend in verschließbare Behälter füllen.
2. Über Nacht oder für mindestens 2 Stunden in den Kühlschrank stellen.
3. Den abgekühlten Pudding aus dem Kühlschrank nehmen und servieren.

💡 **Tipp:** Dekoriere den Pudding mit Beeren oder Bananenscheiben.

Avocado-Schokopudding

⏲ **Minuten:** 10   👤 **ab Beikostreife**   🍴 **Portionen: 3-4**
(+ 1 Std. Wartezeit)

🛒 **Zutaten:**

- ½ Avocado
- ½ Banane
- 2 EL Backkakao
- 1 EL Erdnussmus
- 1 TL Dattelsirup

❤ **Zubereitung:**

1. Avocado entkernen und Fruchtfleisch von der Schale trennen.
2. Avocado mit allen anderen Zutaten mit einem Pürierstab in einer Schüssel pürieren.
3. Pudding in Schälchen verteilen und für 1 Stunde kaltstellen.
4. Den abgekühlten Pudding aus dem Kühlschrank nehmen und servieren.

💡 **Tipp:** Für einen fruchtigen Geschmack gebe 2 EL Orangensaft vor dem Pürieren hinzu.

Fruchtpudding

⏲ **Minuten: 10** (+ 1 Std. Wartezeit)   👤 **ab Beikostreife**   🍴 **Portionen: 3-4**

🛒 **Zutaten:**

- ✓ 1 Banane
- ✓ 1 Pfirsich
- ✓ 5 Erdbeeren
- ✓ ½ Apfel
- ✓ ½ TL Chiasamen

♥ **Zubereitung:**

1. Banane, Pfirsich und Apfel kleinschneiden und in einem Mixer pürieren.
2. Chiasamen mit Fruchtpüree vermischen und anschließend Pudding in Schälchen verteilen.
3. Erdbeeren würfeln und Pudding damit garnieren.
4. Für mindestens 1 Stunde in den Kühlschrank stellen.
5. Den abgekühlten Pudding aus dem Kühlschrank nehmen und servieren.

💡 **Tipp:** Für einen nussigen Geschmack füge 1 TL Mandelmus vor dem Pürieren hinzu.

Eis ohne Zucker

Ananas-Kokos-Eis

🕐 **Minuten:** 10　　　👤 **ab Beikostreife**　　　🍴 **Portionen:** 4
(+ 5 Std. Wartezeit)

🛒 **Zutaten:**

- ✓ 100 ml Kokosmilch (oder Kokosjoghurt)
- ✓ 200 g Ananas
- ✓ 1 TL Mandelmus

♥ **Zubereitung:**

1. Ananas schälen und in grobe Stücke schneiden.
2. Kokosmilch (oder Kokosjoghurt), Mandelmus und Ananas in einem Mixer pürieren.
3. Kokos-Ananas-Püree in 4 Eis-am-Stiel-Förmchen für Babys füllen und für 5 Stunden ins Tiefkühlfach stellen.
4. Eis aus dem Tiefkühlfach nehmen und servieren.

💡 **Tipp:** Für mehr Variation in der Konsistenz gib 1 EL Kokosflocken unter das Püree. Alternativ zur frischen Ananas kannst du TK- oder ungezuckerte Dosenananas verwenden.

Bananen-Joghurt-Eis

🕐 **Minuten:** 10 (+ 5 Std. Wartezeit)   👤 **ab Beikostreife**   🍴 **Portionen:** 4

🛒 **Zutaten:**

- 80 g griechischer Joghurt
- 2 reife Bananen
- 1 TL Mandelmus

❤ **Zubereitung:**

1. Bananen schälen und mit einer Gabel zu Mus zerquetschen. Mandelmus und griechischen Joghurt hinzugeben und Zutaten gründlich in einer Schale verrühren.
2. Bananen-Joghurt-Mischung in 4 Eis-am-Stiel-Förmchen für Babys füllen und für 5 Stunden in das Tiefkühlfach stellen.
3. Eis aus dem Tiefkühlfach nehmen und servieren.

💡 **Tipp:** Für mehr Farbe kannst du 1 EL gefriergetrocknete und gehackte Himbeeren unter den Bananen-Joghurt rühren, bevor du ihn in die Förmchen füllst.

Beeren-Erdnuss-Eis

⏲ Minuten: 10　　👤 ab Beikostreife　　🍴 Portionen: 4
(+ 5 Std. Wartezeit)

🛒 **Zutaten:**

- ✓ 300 g TK-Beeren
- ✓ 2 TL Erdnussmus

♥ **Zubereitung:**

1. Beeren und Erdnussmus in einem Mixer pürieren.
2. Beeren-Erdnuss-Mischung in 4 Eis-am-Stiel-Förmchen für Babys füllen und für 5 Stunden in das Tiefkühlfach stellen.
3. Eis aus dem Tiefkühlfach nehmen und servieren.

💡 **Tipp:** Als kleine Überraschung kannst du vor dem Befüllen der Förmchen in jede Form eine Beere legen.

Melonen-Eis

◷ **Minuten: 10**   ● **ab Beikostreife**   🍴 **Portionen: 4**
(+ 5 Std. Wartezeit)

🛒 **Zutaten:**

- 200 g Honigmelone
- 100 g Haferjoghurt
- 1 EL Zitronensaft (frisch gepresst)

♥ **Zubereitung:**

1. Honigmelone schälen und mit Haferjoghurt und Zitronensaft in einem Mixer pürieren.
2. Melonenpüree in 4 Eis-am-Stiel-Förmchen für Babys füllen und für 5 Stunden in das Tiefkühlfach stellen.
3. Eis aus dem Tiefkühlfach nehmen und servieren.

💡 **Tipp:** Das Rezept schmeckt auch mit anderen Melonensorten, wie Wassermelone.

Kiwi-Orangen-Eis

⊙ Minuten: 10   ♦ ab Beikostreife   🍴 Portionen: 4
(+ 5 Std. Wartezeit)

🛒 **Zutaten:**

- 100 ml Orangensaft (frisch gepresst)
- 100 g goldene Kiwi
- 2 EL Haferjoghurt

♥ **Zubereitung:**

1. Kiwi schälen, Orange auspressen und beides mit Haferjoghurt in einem Mixer pürieren.
2. Kiwi-Orangen-Püree in 4 Eis-am-Stiel-Förmchen für Babys füllen und für 5 Stunden in das Tiefkühlfach stellen.
3. Eis aus dem Tiefkühlfach nehmen und servieren.

💡 **Tipp:** Als Dekoration kannst du in jedes Förmchen eine kleine Scheibe Kiwi an die Wand der Form legen und anschließend mit dem Püree füllen.

Wochenplan für die erste Beikost

Plan für die erste Woche Beikost

Wenn du ganz am Anfang der Beikosteinführung stehst, solltest du die erste Woche ganz einfach starten, damit du erstmal ein Gefühl für die ganze Sache bekommst. Nutze dafür den folgenden Wochenplan. Wenn du dich dann wohl und bereit fühlst, kannst du mit den vegetarischen Rezepten loslegen.

Startet mit einer Mahlzeit am Tag, die für dich und deine Familie am besten passt. Idealerweise isst die ganze Familie gemeinsam, damit dein Baby von euch lernen kann. Solltest du dich nach der ersten Woche noch nicht bereit fühlen, kannst du in jedem Fall den Wochenplan eine weitere Woche (oder bis du dich bereit fühlst) wiederholen.

Einkaufsliste
Um dir das Einkaufen zu erleichtern, habe ich dir eine Einkaufsliste zusammengestellt, auf der du alles findest, was du für den Wochenplan benötigst. Diese Liste ist nicht fest vorgeschrieben und du kannst nach Belieben davon abweichen.

- Avocado
- Aubergine
- Pastinake
- Süßkartoffel
- Brokkoli
- Spinat
- Kürbis

Wochenplan

Tag 1: Avocado

Zubereitung:
Schneide eine reife Avocado in 2 Hälften und entkerne sie. Entferne die Schale und schneide 1 bis 2 fingerdicke Streifen ab. Für besseren Halt in der Babyhand kannst du die Schale auch dran lassen. Dafür muss diese vorher aber sehr gründlich gewaschen werden.

Tipp:
Avocado enthält gesunde Fette, Vitamin B und Mineralien. Als erste Beikost ist sie ideal, denn außer Schälen und Zuschneiden ist keine weitere Zubereitung nötig.

Tag 2: Aubergine

Zubereitung:
Wasche eine Aubergine, schneide sie in 2 Hälften und backe sie im Backofen bei 200 °C für ca. 30 Minuten, bis das Innere weich ist. Schneide 2 bis 3 fingerlange Streifen mit Schale ab. So kann dein Baby sie gut halten und das weiche Fleisch ablutschen.

Tipp:
Aubergine hat zwar eine eigenartige Konsistenz, aber ist geschmacklich sehr angenehm.

Tag 3: Pastinake

Zubereitung:
Schäle eine Pastinake und schneide sie in fingergroße Stücke. Dünste sie für 8 bis 10 Minuten.

Tipp:
Pastinake und andere Wurzelgemüse lassen sich wunderbar als Fingerfood vorbereiten und einfrieren.

Tag 4: Süßkartoffeln

Zubereitung:
Schäle eine kleine Süßkartoffel und schneide sie in Pommesform. Dünste oder koche sie für 6 bis 8 Minuten. Biete 2 bis 3 Stücke an und bewahre den Rest im Kühlschrank für Tag 6 auf.

Tipp:
Süßkartoffelpommes aus dem Backofen ist auch ein Gericht, das der ganzen Familie schmeckt. Dafür die Süßkartoffel-Sticks bei 200 °C für 20 Minuten backen.

Tag 5: Brokkoli

Zubereitung:
Wasche einen Brokkoli und schneide ihn so, dass dein Baby den Stiel gut greifen kann. Dünste oder koche 2 bis 4 Brokkoliröschen für 8 bis 10 Minuten.

Tipp:
Du kannst hierfür frischen Brokkoli verwenden oder bereits fertig verarbeiteten Brokkoli aus dem Tiefkühler nehmen.

Tag 6: Spinat

Zubereitung:
Wasche etwas frischen Spinat gründlich und übergieße ihn mit kochendem Wasser. Lasse ihn 2 Minuten ziehen. Hacke den Spinat anschließend sehr fein und biete ihn als Dip mit einer Fingerfood-Süßkartoffel von Tag 4 an.

Tipp:
Spinat muss gehackt werden, Blattsalat und Kohl können ohne Backenzähne nicht gekaut werden und könnten am Gaumen kleben bleiben.

Tag 7: Kürbis

Zubereitung:
Schneide 2 bis 3 fingergroße Stücke von einem Kürbis ab und entferne die Schale. Dünste den Kürbis für 8 bis 10 Minuten.

Tipp:
Koche dir aus dem restlichen Kürbis eine Kürbissuppe.

Nachwort

Infos zum Buch

Dieses Kochbuch ist ein modernes Rezeptebuch für alle, die sich mit der vegetarischen Beikosteinführung beschäftigen und ihr Kind breifrei ernähren möchten. Alle Rezepte wurden sorgfältig recherchiert und von der Autorin gründlich getestet. Zudem können die einzelnen Gerichte zu einem ganzheitlichen Ernährungsplan kombiniert werden, wodurch eine breifreie Ernährungsumstellung erleichtert wird.

Dieses Rezeptebuch ist kein typisches Kochbuch, vollgestopft mit Hochglanzfotos und unverständlicher Theorie – es ist eine Sammlung leckerer Rezepte, die jede Person einfach nachkochen kann. Das Layout des Buches wurde dabei bewusst minimalistisch gehalten; auf unnötige Ausführungen und Exkurse wurde verzichtet. Stattdessen stehen die Rezepte mit klaren Anleitungen im Fokus, denn mehr braucht es nicht für eine breifreie, vegetarische Babymahlzeit.

Aber das ist noch nicht alles: Dieses Buch wurde von unserem kleinen Studienscheiss-Verlag fair und hochwertig produziert. Wir arbeiten mit regionalen Designerinnen sowie Lektoren zusammen und lassen unsere Hardcover-Bücher komplett in Deutschland herstellen. Alle an der Produktionskette beteiligten Partner werden von uns fair behandelt – und fair bezahlt. Allesamt kleine und mittelständische Unternehmen, die mit Herzblut bei der Sache sind und mit denen wir ein gemeinsames Ziel verfolgen: hochwertige Produkte zu erzeugen, die unsere Leserinnen und Leser glücklich machen.

Unsere Bücher entstehen unter nachhaltigen Bedingungen, schonen die Umwelt und fördern die regionale Wirtschaft. Und genau das unterstützt du, wenn du dir dieses Buch zugelegt hast.

High Five dafür!

Über die Autorin

Franka Lederbogen ist Gründerin des Blogs www.babyidaisst.com sowie dem erfolgreichen Instagram-Account @Baby_Ida_isst. Seit mehr als zwei Jahrzehnten beschäftigt sie sich mit gesunder und fleischloser Ernährung und seit der Geburt ihrer beiden Töchter auch mit gesunder Babynahrung.

Als Ernährungsberaterin und Expertin für Beikost vereint sie ihr Wissen als Fachkraft für babyfreundliche Beikost (mit und ohne Babybrei) und Mama zweier „Breifreibabys". Mit diesem Buch zeigt sie, wie einfach die vegetarische Beikosteinführung ohne Babybrei sein kann.

In dem vorliegenden Buch fasst sie die gelernte Theorie und ihre persönlichen Erfahrungen zusammen und zeigt damit einen modernen Weg der Beikosteinführung ohne Babybrei und Fleisch. Die von ihr erarbeiteten Rezepte sollen Eltern helfen, ihren Babys eine fleischlose und trotzdem nahrhafte Ernährung zu bieten.

Das ist Franka

Dankeschön

Ohne die Hilfe anderer Menschen hätte ich dieses Buch nicht schreiben und veröffentlichen können. Daher möchte ich die Gelegenheit nutzen und mich von ganzem Herzen bedanken.

Am meisten danke ich den Eltern, die bisher meine Hilfe gesucht und mir ihr Vertrauen geschenkt haben. Dank eurem Feedback und Support habe ich mich dazu entschlossen, dieses Buch zu schreiben. Danke für eure Unterstützung.

Ein sehr großes Dankeschön geht an Tim Reichel, der mir die Veröffentlichung meines ersten Breifrei-Kochbuchs ermöglicht hat. Danke für deinen professionellen Input und dein Engagement, um aus diesem Buch ein besonders gutes zu machen.

Ich danke auch Hannah Dautzenberg für das Korrekturlesen und die fachliche Unterstützung, die diesem Buch den nötigen Feinschliff verpasst haben. Ein weiterer Dank geht an Diana Steinborn für das hilfreiche Lektorat und die wertvollen Anmerkungen.

Ein großes Dankeschön geht zudem an meine beiden Töchter, die so bereitwillig meine Rezepte getestet haben. Zum Schluss möchte ich meinen Mann danken, der immer motivierende Worte in stressigen Zeiten für mich hatte.

Euch allen, lieben Dank.

Franka Lederbogen, September 2023

So isst dein Baby Beikost (Das Grundlagenbuch)

Eine Starthilfe für Eltern – mit und ohne Babybrei.
Das Grundlagenbuch für die Beikosteinführung

 Jetzt bestellen: www.veggieplus.de/buecher

One-Pot-Rezepte für Babys (breifrei)

Das große Beikost-Kochbuch mit breifreien One-Pot-Gerichten für die ganze Familie

📕 Jetzt bestellen: www.veggieplus.de/buecher

Breifreie Snacks für unterwegs (Beikost zum Mitnehmen)

Beikost-Rezepten und breifreien Snack-Ideen speziell für Babys und Kleinkinder

📖 Jetzt bestellen: www.veggieplus.de/buecher

Zuckerfrei backen für Babys (Original)

Das große Backbuch mit zuckerfreien Beikost-Rezepten speziell für Babys und Kleinkinder

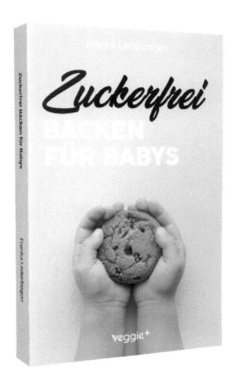

📕 Jetzt bestellen: www.veggieplus.de/buecher

Zuckerfrei Backen für Babys (Weihnachtsedition)

Das große Backbuch mit weihnachtlichen Rezepten ohne Zucker speziell für Babys und Kleinkinder

📕 Jetzt bestellen: www.veggieplus.de/buecher

Hol dir hier dein Bonusmaterial ab:

https://veggieplus.de/bonus-vegetarische-beikost

Viel Erfolg!